SUPERサイエンス

世界の先端を行く江戸時代のSDGs《エスディージーズ》

名古屋工業大学名誉教授
齋藤勝裕
Saito Katsuhiro

C&R研究所

■本書について

- 本書は、2025年1月時点の情報をもとに執筆しています。

■「目にやさしい大活字版」について

- 本書は、視力の弱い方や高齢で通常の小さな文字では読みにくい方にも読書を楽しんでいただけるよう、内容はそのままで文字を大きくした「目にやさしい大活字版」を別途販売しています。

通常版の文字サイズ		**大活字版の文字サイズ**
あいうえお	➡	あいうえお

お求めは、お近くの書店、もしくはネット書店、弊社通販サイト 本の森.JP（https://book.mynavi.jp/manatee/c-r/）にて、ご注文をお願いします。

●本書の内容に関するお問い合わせについて

この度はC&R研究所の書籍をお買いあげいただきましてありがとうございます。本書の内容に関するお問い合わせは、「書名」「該当するページ番号」「返信先」を必ず明記の上、C&R研究所のホームページ（https://www.c-r.com/）の右上の「お問い合わせ」をクリックし、専用フォームからお送りいただくか、FAXまたは郵送で次の宛先までお送りください。お電話でのお問い合わせや本書の内容とは直接的に関係のない事柄に関するご質問にはお答えできませんので、あらかじめご了承ください。

〒950-3122　新潟市北区西名目所4083-6
株式会社C&R研究所　編集部
FAX 025-258-2801
『SUPERサイエンス　世界の先端を行く江戸時代のSDGs』サポート係

はじめに

SDGsとは、人類が持続的に発展を続けるためにはどうすれば良いかを考えた提言です。17個の目標からなる提言には、政治経済から環境問題、ジェンダーの問題からトイレの問題まで、あらゆる社会のあらゆる階層の人に幸せを届けたいとの願いが込められています。しかし考えてみると、SDGsの精神は日本人の心と似ていることに気づきます。100億を超える人類が地球という小さな惑星の上で、どうやったら平和に幸福に暮らすことができるのか？という問題は、日本という狭い国土で3000万を超える人口を抱えて約260年以上にわたって平和とそこそこの幸福を維持してきた江戸時代という時代が抱えた問題と似ているのです。

狭い国土で得られる決して豊富ではない資源を、多くの人々の間でどのように配分するか、配分された資源をどのように消費するか？　これは現代に突き付けられた問題でもあります。江戸時代という時代はこの難問をそれなりに解決したのです。そこに生きていたのは「思いやり」と「勿体ない」という、宗教にも似た精神でした。

本書は江戸の人々の暮らしが身に着けていたSDGsの精神に似た心がけを探ってみようと試みた本です。江戸時代の人々の生きざまを見て、SDGsを考えるヒントにしていただければ嬉しいことと思います。

2025年1月

齋藤勝裕

CONTENTS

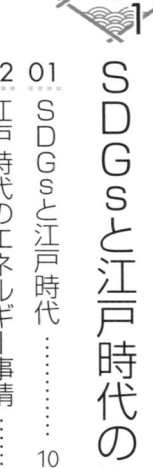

CONTENTS

Chapter 2 江戸時代の再利用の技術

Chapter 3 倹約の精神

Chapter 4

江戸時代の時代背景

CONTENTS

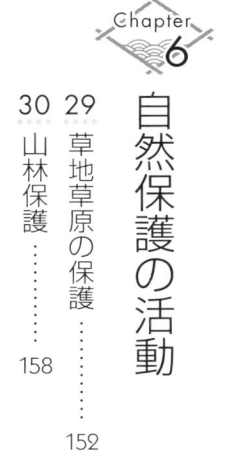

Chapter. 1
SDGsと
江戸時代のエネルギー

SECTION 01

ＳＤＧｓと江戸時代

最近「ＳＤＧｓ《エスディージーズ》」という文字がよくニュースに出るようになりました。「ＳＤＧｓ」の最初３文字は大文字ですが、最後の「ｓ」だけは小文字です。このｓは「複数」を表す文字で、つまりＳＤＧｓは「複数個のＳＤＧ」という意味なのです。

それでは、「ＳＤＧ」とは何でしょう？　ＳＤＧは「Sustainable Development Goals（持続可能な開発目標）」の頭文字です。これはその名前の通り、ゴール（目標）を表すものであり、「17個のグローバル目標」と、それぞれのグローバル目標に10個ずつほど付随している、併せて「１６９個のターゲット（達成基準）」、合計１８６個の目標という多くの大小の目標集からなる、いわば「全世界的な努力目標集」のようなものなのです。

ＳＤＧｓは、言うのは簡単でも実現するのは困難な遠大な目標です。それを達成するには足元を見つめて、できることから一歩一歩始めていくことです。その繰り返しが社会を、世界を、地球環境を変えていくということなのではないでしょうか？

幸いなことに、日本には良いお手本があります。それは徳川家康が幕府を開き私たちの先人が過ごした「江戸時代」という約260年続いた社会です。今、SDGsの光で照らした江戸時代が注目されています。

SDGsの17個の目標

SDGsの「17個のグローバル目標」は、2015年9月25日に開催された国連総会で採択されました。その時同時に向こう15年間の新たな開発の指針として「持続可能な開発のための2030アジェンダ」として169個のターゲット

●徳川家康

が採択されました。このようにしてまとめられたSDGｓは「17の目標と169のターゲット」からなるもので、全世界に広がる複雑な社会的、経済的、環境的課題を幅広くカバーしています。「持続可能な開発」は、現在、環境保全についての基本的な共通理念として、国際的に広く認識されています。これは、「環境」と「開発」を互いに反するものではなく共存し得るものとしてとらえ、開発は環境破壊や資源枯渇を招く乱暴なものだけでなく、環境保全を考慮した節度ある開発が可能であり、重要であるという考えに立つものです。

ＳＤＧｓとしてまとめられた17個のグローバル目標は次の通りで、それはすべて単純な箇条書きになったもので、これ以上解説の仕様がないようなものばかりです。しかし、それはすなわち、このような問題で苦しんでいる立場の人たちの率直な声であるということの反映と考えるべきでしょう。

① 貧困をなくす…「あらゆる場所のあらゆる形態の貧困を終わらせる」
② 飢餓をゼロに…「飢餓を終わらせ、食料安全保障および栄養改善を実現し、持続可能な農業を促進する」

③人々に保健と福祉を…「あらゆる年齢のすべての人々の健康的な生活を確保し、福祉を促進する」
④質の高い教育をみんなに…「すべての人々への包摂的かつ公正な質の高い教育を提供し、生涯学習の機会を促進する」
⑤ジェンダー平等を実現しよう…「ジェンダー平等を達成し、すべての女性および女児の能力強化を行う」
⑥安全な水とトイレを世界中に…「すべての人々の水と衛生の利用可能性と持続可能な管理を確保する」
⑦エネルギーをみんなに、そしてクリーンに…「すべての人々の、安価かつ信頼できる持続可能な近代的エネルギーへのアクセスを確保する」
⑧働きがいも経済成長も…「包摂的かつ持続可能な経済成長およびすべての人々の完全かつ生産的な雇用と働きがいのある人間らしい雇用を促進する」
⑨産業と技術革新の基盤をつくろう…「強靭なインフラ構築、包摂的かつ持続可能な産業化の促進およびイノベーションの推進を図る」
⑩人や国の不平等をなくそう…「各国内および各国間の不平等を是正する」
⑪住み続けられるまちづくりを…「包摂的で安全かつ強靭で持続可能な都市および人間居住を実現する」

⑫　つくる責任つかう責任…「持続可能な生産消費形態を確保する」
⑬　気候変動に具体的な対策を…「気候変動およびその影響を軽減するための緊急対策を講じる」
⑭　海の豊かさを守ろう…「持続可能な開発のために海洋・海洋資源を保全し、持続可能な形で利用する」
⑮　陸の豊かさも守ろう…「陸域生態系の保護、回復、持続可能な利用の推進、持続可能な森林の経営、砂漠化への対処、ならびに土地の劣化の阻止・回復および生物多様性の損失を阻止する」
⑯　平和と公正をすべての人に…「持続可能な開発のための平和で包摂的な社会を促進し、すべての人々に司法へのアクセスを提供し、あらゆるレベルにおいて効果的で説明責任のある包摂的な制度を構築する」
⑰　パートナーシップで目標を達成しよう…「持続可能な開発のための実施手段を強化し、グローバル・パートナーシップを活性化する」

これらがすべて達成されるのは難しいかもしれませんが、達成できると考えて努力することはできるはずです。そこにこそ人類の未来があるのではないでしょうか?

国際的な取組

2016年に開催されたG7富山環境大臣会合では、持続可能な開発のための2030アジェンダが主要な議題として扱われました。そこでは、持続可能な開発(SDGs)を中核とする2030アジェンダの実施を、すべてのレベルで促進していく強い決意が表明されました。

日本では、G7協調行動を推進するために企業・自治体・政府等によるワークショップを開催することにしました。そして2016年には総理大臣を本部長にして、第1回「持続可能な開発目標(SDGs)推進本部会合」が開催されました。また、この会議は、それ以降も毎年2回開催されていて、その中で日本におけるSDGsに関わることが決定されています。

これらの取り組みが実効を持って行われていけば、きっと2030年には世界の環境は現在より浄化された、人間にも全ての生物にとっても優しいものになっていることでしょう。そのためには、SDGsを目標にして、持続可能なエコな時代「江戸」の暮らしぶりをお手本にしたら、きっと解決策が見えてくるのではないでしょうか?

SECTION 02

江戸時代のエネルギー事情

現代社会はエネルギーの上に成り立っていると言われ、エネルギーが無ければ、とくに電気エネルギーが無ければ私たちの生活は成り立ちません。

電気エネルギーは自然界にもありますが、それは原子を構成する静電エネルギーや雷とかであり、人間が利用できるようなものではありません。人間が電気エネルギーを使おうと思ったら、発電機や電池を使って自分で作らなければなりません。そのためには発電機を動かすエネルギーが必要です。そのエネルギーのほとんどは水力発電の水力か、化石燃料を使った燃焼エネルギーか、あるいは原子力を利用した原子力発電によるものです。化石燃料の使用は二酸化炭素を発生し、地球温暖化につながり、その結果、気候変動などに影響し、SDGsの環境に優しい持続可能なエネルギー目標などに関係してきます。

はたして江戸時代のエネルギー事情はどのようになっていたのでしょう?

エネルギーを使わない江戸時代?

江戸時代と聞くと、まるでエネルギーとは無縁の時代のように思われますが、そんなことはありません。人類はその黎明期からエネルギーを使ってきましたし、エネルギー無しで生きることなどできません。ただ、そのエネルギーの種類と量は現代とは大きく異なっていました。

江戸時代は少ないエネルギーだけで暮らしていた時代で、たいへんエネルギー効率が高い社会を実現していたといえます。たとえば、江戸時代の最大の動力源は人力、つまり人間です。物を運ぶのも、作物を作るのも、商品を製造するのも、すべて人間が自らの力を使って行っていました。では、その人間は何で動いているのかというと、前年あたりに育った米や野菜の作物や、魚や鳥などの動物を食べて生きています。つまり、ここ1年間ぐらいの太陽エネルギーで動いているわけです。

江戸時代のエネルギー源

日本初の発電所は明治時代になってから初めてできました。それまでは電気以外のエネルギー、つまり熱エネルギー、人力や牛力、水力、風力など、いろいろなものを少量ずつ組み合わせて使っていたのです。

①江戸時代の照明

現代の私たちは、照明が無ければ夜を過ごすことができません。蛍光灯も、テレビも、スマホもない真っ暗闇の空間で、どうやって時間を過ごせばよいのでしょう。お酒を飲もうにも、真っ暗闇ではグラスにお酒を注ぐのもままなりません。

江戸時代の照明は、燃料の燃焼によって発生する明かりで行われていました。蝋燭《ろうそく》や行燈《あんどん》です。とはいうものの、日本の伝統的な蝋燭、和蝋燭は、作るのにたいへんな技術と労力を要するため、高価で庶民は買うことができませんでした。もっぱら、武家や料亭、神社仏閣用のものでした。行燈の燃料として人々が使ったのが植物や動物の油でし

●行燈

た。種類は胡麻油、えごま油、菜種油、綿実油などの植物系の油の他に、鰯《いわし》、鯨《くじら》、秋刀魚《さんま》なども使われ、かなり匂ったといいます。

②江戸時代の暖房

家の中で暖を取るものといえば、ネコを抱く以外には、囲炉裏、火鉢、コタツ、行火《あんか》、湯たんぽくらいのものです。すべて基本的に木炭を燃やした燃焼熱を利用したものばかりです。湯たんぽのお湯を温めるのも、薪や木炭などの植物燃料を燃やした燃焼熱です。

●火鉢

③江戸時代の冷房

江戸時代の夏の涼の取り方として、欠かせないのが自然の風と水でした。日中は夏の日差しを葦簀《よしず》で遮りながら、打ち水をして涼しい風が室内を通るように工夫しました。せめて見た目だけでも涼しいように、鉢にたっぷりの水を入れて中を泳ぐ金魚を鑑賞したり、浮かべて冷やした夏野菜やスイカなどを食べたりと、水をうまく活用することで少しでも涼しく感じるように工夫しました。

④江戸時代の移動手段

江戸時代の交通手段は限られていました。自分の足で歩く、駕籠《かご》に乗る、馬に乗る、舟に乗るしか選択肢がありませんでした。自動車や飛行機などあるはずはありません。自分で長距離を歩けなくなった人は、長距離旅行などあきらめる以外ありません。

⑤江戸時代の農耕手段

広い面積を耕作する人は牛や馬などの家畜のエネルギーを利用しましたが、基本的に農業は人力です。お百姓さんが自分で鍬《くわ》を使って田を耕し、鎌で稲を刈り、脱穀機を回して籾《もみ》を収穫していました。

このように、ほとんどの動力源が薪炭などの植物燃料の燃焼エネルギーだったり、人力だったりした江戸の人々は、現代人の何百分の一しかエネルギーを使っていなかったでしょう。江戸時代の森林面積は、現代よりも広かったので、木の成長量と燃料としての使用量を考えると、成長量の方が多かったものと考えられます。

しかし最近、この考え方は改められつつあるようです。江戸時代の絵、とくに版画の浮世絵をみると、山々の多くは禿山状態です。木はヒョロヒョロとした松が数本生えているくらいです。これが実際の風景描写なのか、それとも画家の好みによるデフォルメなのかははっきりしませんが、もし実風景の描写だったとしたら、江戸時代の自然は、すでに破壊状態に近づいていたと言わなければならないのではないでしょうか？

●冨嶽三十六景（下目黒）

SECTION 03

人力

江戸時代の動力源は何と言っても人力でした。農耕も水運もすべては鋤《すき》、鍬《くわ》、魯《ろ》といった、人間が自分の力で動かすものばかりです。江戸時代に工業と言えるようなものは無かったに等しいので、動力やエネルギーは必要なかったといえばそれまでですが、もし、エネルギーがあり、それを使う工夫があったら、工業が発生し、江戸の街にも産業革命が起こったのかもしれません。

たとえば鍛冶屋の使う送風機、鞴《ふいご》です。

●たたら製鉄における踏み鞴

江戸時代にはこれを鍛冶屋が自分の腕で動かしていました。今だったらモーターで動かすところですが、江戸時代だって、工夫したら水車でどうにかなりそうなものです。もっとすごいのは製鉄で使う足踏み式の鞴、「たたら」です。当時は5、6人で踏板を踏んで風を送っていましたが、これこそ水車に任せたいものです。

奴隷

日本以外の国では「奴隷」という制度があり、彼らを使って、人力労働を行うことができましたが、日本ではそのような発想は無かったようです。穢《え》多《た》や非人という階級の人に対しても、奴隷として扱うことは思慮の中に無かったようです。同一民族だけで暮らす日本では、同じ民族の人をそこまで徹底して区別することはできなかったのかもしれません。

とにかく江戸時代では、労働は美徳であり、体が許す限りは自分の仕事は自分でやるという習慣が身に付いていたのでしょう。

賃労働

　その代わりに発達していたのが賃労働の制度です。もっともわかりやすいのが駕籠《かご》かきでしょう。これは籠に人を乗せて担いで目的地まで行き、距離に応じて賃料をもらうのです。現代のタクシーと同じです。

　商家では少年少女を丁稚《でっち》、小間使いとして雇い、給料を払って仕事の手伝いをさせる一方で、仕事を教え、寺子屋に通わせて一通りの教育を施しました。そして成人して一人前になったら、退職金代わりに店を持たせて独立させるとか、自分の店の番頭（支配人）として残すとか、それなりの待遇をしたようです。

●駕籠かき

SECTION 04

植物の利用

江戸時代の生活では、エネルギーだけでなく、日用に使う材料のほとんど全部が植物性でした。それも、成長の非常に早い植物、つまり草本を巧みに使いました。このような材料は、傷んで使うのをやめて廃棄しても、燃やしても、微生物による分解などで最終的には分解されて二酸化炭素と水になります。そして、来年生えてくる植物の原料になって再生され、空気中の二酸化炭素が増えることなく、1年経つと大体元に戻ります。

もちろん、金属製品や陶磁器など植物製品でないものもありますが、金属の精錬も陶磁器を焼くのもすべて、木炭などのバイオマス資材を使いました。ある範囲内で上手に使っている限り、植物材料は決して枯渇してなくなることはありません。

植物の生長を司っているのは太陽エネルギーです。二酸化炭素と水が太陽光エネルギーを利用した光合成によって植物体に戻るのです。

稲作

江戸時代のバイオマス利用の一番わかりやすい例が稲作です。1720年頃の日本の人口は約3000万〜3100万人で、このうち半分近くの約1400万人が稲作に従事していたようです。水田稲作ほど日本の国土に適した農業はありません。同年代のヨーロッパの小麦農業に比べると、江戸時代後期の水田稲作では同じ面積でヨーロッパの10倍ぐらいの人口を養うことができたものと考えられます。

米は食べた後、排せつ物となります。屎尿《しにょう》は、現在では膨大なエネルギーを使って処理をしていますが、昔は下肥《しもごえ》として農家に販売しました。下肥は1年以内に土に戻り、植物に吸収されます。下水に流れることはいっさいありません。ですから江戸でも大坂でも、川には飲める水が流れていました。井戸水は雑用水として洗濯や掃除に使い、飲み水は川の水を使うのです。川に飲める水が流れているというのは、世界中どこにもありません。

農家にしてみれば、農作物を都市に入れると、肥料になって出てくるということで、町というのは食べ物を肥料に変性する装置という考え方もなり立つと考えられます。

藁《わら》

昔はなるべく藁のたくさん取れる稲を作ったそうです。藁は、生産した量の半分は堆肥《たいひ》あるいは厩肥《きゅうひ》として農地に戻しました。それから30%ぐらいを燃料、灰の材料に使います。灰は重要なカリ肥料で、町を回って灰を買い集める「灰買い」という商売があったほどです。

灰の文化は世界中にありますが、灰を商品として商人に売っていたのは、日本以外どこにもないようです。灰も一種のバイオマスとして、商品として通用したのです。残りの20%ぐらいが藁製品になります。

●草鞋

フォン・シーボルトは、日記の中に「旅行しているとあちらこちらに藁靴（草鞋《わらじ》、草履《ぞうり》）の山がある。旅人が決まったところで履き替えている。それを農家の人が持っていって肥料にするのだ」と書いています。

今の靴と違い、草鞋や草履は長持ちしませんが要らなくなった途端に資源になります。燃やせば燃料になり、その灰は灰買いが買っていきます。米も藁も1年経つときれいに消えてなくなります。これを循環させているのは太陽エネルギーだけです。江戸時代の動力の99％以上は人力ですが、人間は主に昨年度産の穀物のエネルギーで動いています。昨年度産の穀物は誰が作ったかというと、昨年度の人間と太陽エネルギーが作ったのです。原料について考えれば、現代の私たちは化石燃料製、江戸時代のご先祖はバイオマス製ということができるでしょう。

♻ 木炭の種類

木炭は日本民族が長い歴史をかけて作り、育ててきた文化遺産です。それだけに、いろいろの種類があります。代表的なものを見てみましょう。

①黒炭

炭化温度は、400～700℃前後です。炭化した後、炭窯の中で空気を絶って消火します。原材料は、主にナラ、クヌギ、カシ等です。炭質が柔らかく、着火が容易で早く大きな熱量を得られるため、家庭用の燃料や暖房用などに用いられています。

②白炭

炭化温度は、800℃以上です。炭窯の外に出し、消し粉をかけて消火します。原材料は、ウバメガシ、カシ類等です。炭質が硬く着火しにくいですが、着火すれば、炭質が均一で安定した火力を長時間にわたって得られるため、焼き鳥やうなぎの蒲焼きなどで用いられます。白炭の代表は備長炭《びんちょうたん》ですが、とくに和歌山県産のものは紀州備長炭の銘柄で最高級品とされています。

●備長炭

③ オガ炭

のこ屑や樹皮等を粉砕して高温、高圧力で圧縮形成したオガライトを炭化したもので、火力は安定しています。備長炭に似た性質を持ち、焼肉や焼き鳥、蒲焼きなどに用いられます。

④ 竹炭

竹を原料として炭化したもので、木炭に比べ、水分や物質の吸着速度が速いといわれています。水環境や土壌改良用などに用いられています。

●竹炭

SECTION 05

水力の利用

日本は国土が小さいため、河川は短く、その短い距離の間に高い高低差を流れ下るので水流が速くなります。この水流を利用して重くて大量の物質の輸送、水車の利用がはかられました。

河川輸送

河川を利用した輸送の第一は筏《いかだ》でしょう。それも、客や他の物質を乗せて移動する筏ではありません。輸送したい木材で筏を組んで、それを河川に流すのです。

筏は水流に乗って、黙っていても下流の目的の街まで流れて行きます。下流に来れば水流はおだやかになり、筏の速度も遅くなります。あとは数人の筏師が竿を使って操縦すれば、目的の木場に誘導することができます。

♻ 水車

水車は今では、のどかな田園風景を彩るものという印象がありますが蒸気、電気、エンジン等の動力源がなかった時代、水車は動力を得るための極めて実用的なもので、人力に比べて圧倒的な動力を持ち、昔の大量生産を可能にした「動力革命」の立て役者でした。しかも、水車は都市の動力でした。「水車は農村のもの」というイメージは、都市に動力用電力が整備されて電動機（モーター）が普及し、水車が消えた結果、水車は農村部にのみ残ったために形成されたものです。

水車はエネルギー源としての動力水車

●江戸時代の水車

の他にも、田畑に水を引く揚水水車が活躍し、それまで水を得にくかった土地に灌漑《かんがい》を施し農地を広げることに役立ちました。つまり、水車は日本における食糧増産と産業発展の陰の功労者なのです。水車の「力」なくしては、日本の繁栄は有り得なかったと言っても過言ではないでしょう。

米搗《つ》き用水車

日本に水車が入ってきたのは610年といわれています。『日本書記』に高麗からの伝来とありますが、当初の水車は穀物を砕いて粉末にする臼《うす》だったようで、粒食を主とする日本には普及しなかったようでした。その後、671年には、水車を製鉄に利用したという記録が残っています。揚水用水車を灌漑に使っていたという最古の記録が現れるのは、それから150年ほど後の829年になります。

江戸時代には動力水車が大いに発達しました。主に米搗《つ》きや菜種油絞りに使われましたが、江戸中期から発達した背景には酒造業の発展や城下町への人口集中がありました。短期間に大量の米搗きをする必要があることから、大型水車で多数の搗き臼を動かしたのです。

増大した江戸市民の胃袋を満たすために、各地から米が輸送されるようになったことも、動力水車の増加に拍車をかけました。五街道の入り口（東海道：品川、中山道：板橋、甲州街道：内藤新宿、奥州街道と日光街道：千住）には米穀問屋が立ち並び、その周辺の渋谷や目黒などの村々には、精米用の水車が作られていきました。こうしてできた搗き米屋は人力によるものも含めて、2000軒にも上るといわれています。

1697年に、現在の三鷹市役所付近に水車が作られましたが、この水車は無許可で作られたため、すぐに取り払われてしまいます。当時の武蔵野地方は、江戸幕府の直轄領で、水車1台作るにも、代官所の許可が必要だったのです。

正規の許可を得た水車が増えてきたのは、安永年間（1772～1780年）のことです。この時代になると、武蔵野地方では新田開発が進み、村落が安定すると江戸へ小麦粉を売る商いが始まったからでした。

♻ 動力水車

江戸後期になると、米搗き以外にも火薬製造や針金作り、鉱石の粉砕、鞴の動力、漢方の生薬挽きなどにも利用され、各種産業に応用されるようになります。現在の東京・小平市では火薬製造中に大爆発が起き、「所々で鳴動があった」と、記録にあります。火薬製造はリスクと背中合わせなので、高い手間賃を取ることができる仕事でした。

この他にも、ノコギリを動かして製材をする水車、線香の材料となる杉の葉を挽く線香水車、陶土をこねる陶土用水車と考え得る限りに利用され尽くしたといえます。

水車の管理

玉川上水の記録文書『上水記』には、１７８８年、「武蔵野台地には33台の水車があった」と記されています。水車の持ち主は、豪農や村役人が多かったようです。水車は建造にも維持管理にもお金がかかったので、個人が持とうとした場合、必然的に富裕層の所有になります。しかしこのことは、結果的に村の共有資源であった水を有力者たちが個人使用したことになります。これに対して、村民がかなり反発したという記録も、当時の公文書には残っています。

日本の水車は村で共同利用されることが多いのに対して、ヨーロッパでは領主や教会などがパンを作るのに欠かせない製粉事業を独占するために、水車に高い税金をかけた歴史があります。水車小屋の番人は、しばしば税の徴収人を兼ねました。ヨーロッパで水車に悪魔のイメージがあるというのも、そうした虐げられた農民の差別意識からくるものといえるでしょう。セルバンテスの書いた『ドン・キホーテ』に粉挽き小屋の番人を悪魔と間違えて攻撃するシーンが出てくるのも、こうした背景があるからです。中国や中東でも水車所有はヨーロッパ型だったといいます。

中世ヨーロッパでは、製粉や揚水だけでなく、多種多様な工業生産用の動力として活用されました。日本でも澱粉工場の動力、製茶、製紙等さまざまな用途に使われていました。

SECTION 06

風力の利用

オランダの風景画にはよく、巨大な風車を持った「風車小屋」が描かれていますが、日本にはそのような絵画は見当たりません。同じような風力の風が休みなく吹き続けるオランダなどヨーロッパの海岸地帯に対して、日本の風は概して弱く、ところが、台風になると、風車など吹き飛ばしてしまうほどの強風になるというように強弱の差が烈しいので、水車は発達しても風車の文化は育たなかったのかもしれません。風車だけでなく、現代の風力発電機を建てるにも日本は立地条件に恵まれた場所が少なく、困るようです。

帆船《はんせん》

風力を利用したものに帆船があります。室町時代以来、日本には、木造の大型帆船、千石船《せんごくぶね》がありました。1石は人1人が1年間に食べる米の重量で、約150kgですから、1000石は約150トンになります。千石船は米千石を積める船の意味で、江戸時代に一般化した大型荷船の俗称です。本来は、その船の積石数を表したものであり、室町時代の千石船はそれにあたりますが、江戸時代に入って国内海運が発展すると、積載量は1000石に満たなくとも、大型廻船には千石船の呼称が定着しました。江戸時代には巨大船の建造が幕府から禁制されたのです。

北前船《きたまえぶね》

江戸中期から明治時代にかけて、北海道と大阪を結んで西回り航路を往来した買積《かいつみ》船を北前船といいます。その船型は通称千石船で、弁財船、どんぐり船などとも呼ばれました。動力は大きな帆で受けた風力ですが、風力が止んだ時には大勢で櫓を漕ぐという、風力・人力兼用船でした。後に明治以降になると、この人力部分はエンジンによる機動力に置き換わりましたが、そのような船はとくに気帆船《きはんせん》とよばれました。当初は200石から500石積みでしたが、徐々に大型化し、明治時代になると

2000石積みクラスのものも現れました。積荷は上り荷(大阪行き)として北海道産の胴ニシン・羽ニシン・身欠きニシン・サケ・昆布などの海産物、下り荷(北海道行き)は米・塩・木綿・古着・酒などでした。大切な点は、北前船は、荷主の荷物を預かって運搬する運搬船ではなく、船主が荷主を兼ねた買積みであったということです。そのため、航海の途中の寄港地で適当な荷物を買い増しし、それを次の途中の寄港地で売りさばくという売買を行いながら航行したため、船主の才覚によっては大きな利益を上げることもできました。そのため、日本海沿岸にある北前船寄港地には北前船を利用して莫大な利益を上げる商人も現れたのでした。

●北前船

SECTION 07

動物の利用

江戸時代の動力は、薪炭の植物エネルギー、河川の水力エネルギー、風による風力エネルギー、および、それらの根源になる太陽の熱・光エネルギーでした。そして、それでまかないきれない高度技術に要するエネルギーを人力でまかなったとみていいでしょう。しかし、もう1つあります。それは私たち、人間という哺乳類に、陰になり、日向になって常に寄り添ってくれた家畜のエネルギーです。馬、牛、犬、山羊《やぎ》などの働きと貢献を忘れては、罰が当たるというものです。

馬の戦闘力

現代の家畜は主に食料用に飼われていますが、昔の家畜は食料にする他、その労働力を利用するためにも飼育されていました。江戸時代の主な家畜は牛や馬です。牛は主に運搬や農耕のために、馬は運搬や戦闘のために飼育されていました。

しかし、日本の戦国時代では、欧州の騎士はすべて廃業してしまっています。銃が登場したからです。鉄砲の登場で騎馬突撃が自殺行為となり、傭兵主体の歩兵戦闘力だけで戦うようになっていた過渡期でした。

騎士が農民に敗北してしまった「ドイツ農民戦争」では、昨日今日戦闘員になったばかりの農兵が、大型ピストルと防御用の木造装甲車で馬を防ぎ、突撃してくる精鋭騎士団を滅多打ちにしてしまったということが起きます。日本でも信長が勝利した長篠の戦があり、騎馬突撃するより歩兵の集団を使用したほうが、効率が良いとわかり、戦い方が変化していきました。このようなことで、馬も戦闘用ではなく、運搬用や、農耕用に飼育されるように変化してきたのでした。

♻ 牛の運搬力

江戸時代、牛は物を運ぶという点で、動物的にも社会的にも非常に優れた動物であることがわかってきました。運搬力として牛を多用した職種に塩の運搬業がありました。どのような事情だったのか見てみましょう。

① 生命に必須の塩

現代では、塩は脇役とみなされがちです。しかし、人に限らず、すべての動物には塩が必要不可欠です。とくに肉体労働を行う人間、動物には何にもまして必要なものです。今でこそ塩は生産技術が発達して誰でも簡単に手に入れられますが、明治時代以前の日本ではそういうわけにもいきませんでした。岩塩の産出がない日本の製塩は、古代よりほとんどが海岸部で行われてきました。当時は、海水を煮詰めて塩を抽出するのが一般的だったのです。室町時代以前、内陸部の人々は山の木を切り薪にして川を下り、海で塩を焼いて持ち帰るなどしていましたが、多大な労力が必要な割に個人で作れる塩の量は少なかったのでした。

② 塩の輸送

江戸時代になって塩の生産量が増えると、海岸部で作った塩を内陸部まで持って行って売り歩く商人も増えました。そのときに大活躍したのが、牛という輸送手段でした。

江戸時代に牛はさまざまな場面で重宝されました。農耕で使うのはもちろん、牛に荷を担がせることもありました。牛馬の需要が大きかったので、牛馬市も発達して日本各地で牛の売買取引が行われました。今の長野県や東北地方をはじめ、とりわけ山深いエリアでは、牛が塩を運んだとされる道が多くあります。

江戸時代の人々は、長距離の移動に牛を使っていました。牛は脚の力が強く、細くて整備が不十分なガタガタな道でも歩くことができました。そして、重い荷物を山の奥まで運ぶことができたのです。今の岩手県の三陸エリアでは昔、木の育ちが良かったので塩の生産も盛んでした。それで、塩を牛の背に乗せて大量に運んでいました。1人の商人が5～7頭の牛を引き連れ、1頭の牛に2俵ずつ乗せて北上川流域まで山間部を通いました。長くて険しい道のりでも物資を運んでくれるのが牛だったのです。

③牛の扱い

当時、牛は道端でゴロンと寝かせるのが普通でした。馬の場合は各地に整備されている馬宿に泊めましたが、牛の場合はそのような宿はないか、あっても少数でした。

野獣が襲ってこないように火を焚き、人間は牛の腹に体を擦り付けて寝ました。牛と人とが寄り添って寝たのです。

その上、牛は道端の草を食べてくれるので、エサ代がかかりませんでした。牛の食べ物といえば、道端に生えている、今では雑草とされている草でした。冬は枯れているものの、春から秋までは道端に生い茂っている草があれば十分だったのです。これはある意味、道の維持管理にもつながっていたと考えることもできます。

江戸時代、牛の売買に関する取引規制は緩かったようです。そのため、塩の商人は商品を運んだ先で牛も売って、帰り道はお金だけ持ち帰るというかなり身軽な取引を行っていました。人間は牛に対して各地の草を食べさせて栄養をつけてあげる代わりに、塩を運んでもらい、最後に売りに出すという、ある種の温かいギブアンドテイクが存在していたのです。

これは現代人が単にレンタカーを乗り捨てるのとは似て非なるもので、そこには自然や動物との対話があったのです。このようなある種の豊かさが暮らしの中に存在していたと考えることもできるのではないでしょうか？

Chapter. 2
江戸時代の再利用の技術

SECTION 08

江戸時代はゴミが貴重な資源!?

江戸時代は、すべてのものを繰り返し利用するリサイクル時代でしたが、現在のように「ゴミ問題」を解決するためにリサイクルをしていたわけではありません。もともとモノが少なく、何であっても(灰のように現在は厄介者扱いされるものでさえ)貴重な資源だったのです。資源が少なかったから貴重だったのです。

新しいモノは高価で簡単には手に入らなかったので、ほとんどすべてのものがゴミにならずに、使われ続けていたのです。「ゴミにせず使えば資源」なのです。

少ない生産品

江戸時代の産業は農業・漁業、食品製造の他は運搬業、サービス業くらいのもので、製造業といわるものは木工、大工、衣類、陶磁器生産、わずかばかりの鉄鋼業くらいのものでした。しかも仕事はほとんどすべてが手仕事によるものばかりでしたから、エネルギーらしいエネルギーを使うこともありませんでした。

江戸時代は、一次産業と衣食住関係産業以外の製品は、種類も生産量も少なく、身の回りにある生産物はすべて数少ない貴重品であり、もし失ったら、次の手立ては望めない状態でした。

現在と違って、壊れたりなくなったりしたら、スーパーかコンビニに行ったらいつでも代わりの品物が手に入るという時代ではなかったのです。手元にある製品は、とにかく傷めないように、壊さないように大切に使う以外ありませんでした。

このような江戸時代の生活は必然的に省資源、省エネルギー、リサイクル型の社会に向かいます。省エネ、リサイクルはＳＤＧｓの目標で謳ってあるように、ＳＤＧｓの基本精神でもあります。

すべては資源

現代はゴミにあふれています。街では週に2回以上は可燃ゴミの収集日があります。

その日には収集所はゴミであふれます。集まるゴミは生ゴミだけではありません。小形の家電から衣類、スーツケース、壊れたおもちゃから不要になったハンドバッグまで、昭和初期のデパートで陳列されたようなものまで並びます。

その他に、資源ゴミ、粗大ゴミの収集日があります。その収集日には集積場所にたいへんな量のゴミが集まります。これだけのゴミがこれまで一般家庭のどこに収容されていたのかと驚くほどのゴミの量です。これだけのゴミに家の面積を占められていて、「家が狭い」「収容面積が少ない」などの苦情がよく出てくるものだと感心します。

これらゴミの中にはチョット「修理」をすれば、また使える物がたくさんあります。現代は「修理」を忘れたのかもしれません。「使える物」、あるいは「使えるようになる物」はゴミではありません。「資源」です。自然界から入手した資源が、これらのゴミになるまでに、どれだけの人の手が掛っているのでしょう。それを考えたら、これらのゴミが「生の資源」ではなく、はるかに製品に近い「価値の付加した資源」であることがわかります。

5Rとは

家庭でできる環境対策として、最近「5R」という標語が使われています。5Rとは「リデュース」「リユース」「リペア」「リサイクル」「リフューズ」という語の頭文字です。一体、どのような意味の言葉なのでしょう?

①リデュース(Reduce)

削減することを指し、生活のダイエットが必要なのです。必ずしも必要でない物を買い集めて、使わないまま家にしまい込んでいるのでなく、一度手に入れたものを大切に長く使い、一度使ったら最後まで使い切ることが大切です。

②リユース(Reuse)

そのままの形状で再度使用することを指します。要するに再使用です。現代では少なくなりましたが、ビール瓶の再利用、清酒の一升瓶の再利用、上の子から下の子への「お下がり」、バザーやフリーマーケットへの出品などが該当します。考えてみれば日常使用の食器類、あるいは下着、寝具など洗って使う物も再使用品です。

③ リペア(Repair)

修理・修繕しながら大切に使うことを指し、大型機械・大切な家具などが該当します。事故を起こした自動車、パンクした自転車の修理などが典型ですが、包丁を研ぐことなども入るでしょう。充電して何回も使う二次電池(蓄電池、鉛蓄電、ニッカド電池、リチウムイオン二次電池)なども入るでしょう。

④ リサイクル(Recycle)

形状を変え再度使用することを指し、ペットボトルから園芸用のプランターを作ることなどが該当します。リサイクルは省資源の標語のように使われますが、実際には大量のエネルギーを使わなければ達成できないことなので、実際の例は多くありません。大量の労力とエネルギーを使って、ペットボトルをプランターに変えるより、手っ取り早くペットボトルを燃料として燃やし、発生したエネルギーを他のことに使った方が省エネ、つまり省資源だという考えの方が強くなっているようです。

⑤ リフューズ(Refuse)

必要のないものを断ることを指します。スーパーのレジ袋を断ってエコバッグを使う、レストランなどで割り箸を断ってマイ箸を使うなどが該当します。レストランでご飯の量を少なくしてもらうなどもこの中に入るでしょう。

以前は省資源というと3Rといわれましたが、最近、それにリペアとリフューズが追加されて5Rになりました。

●5R

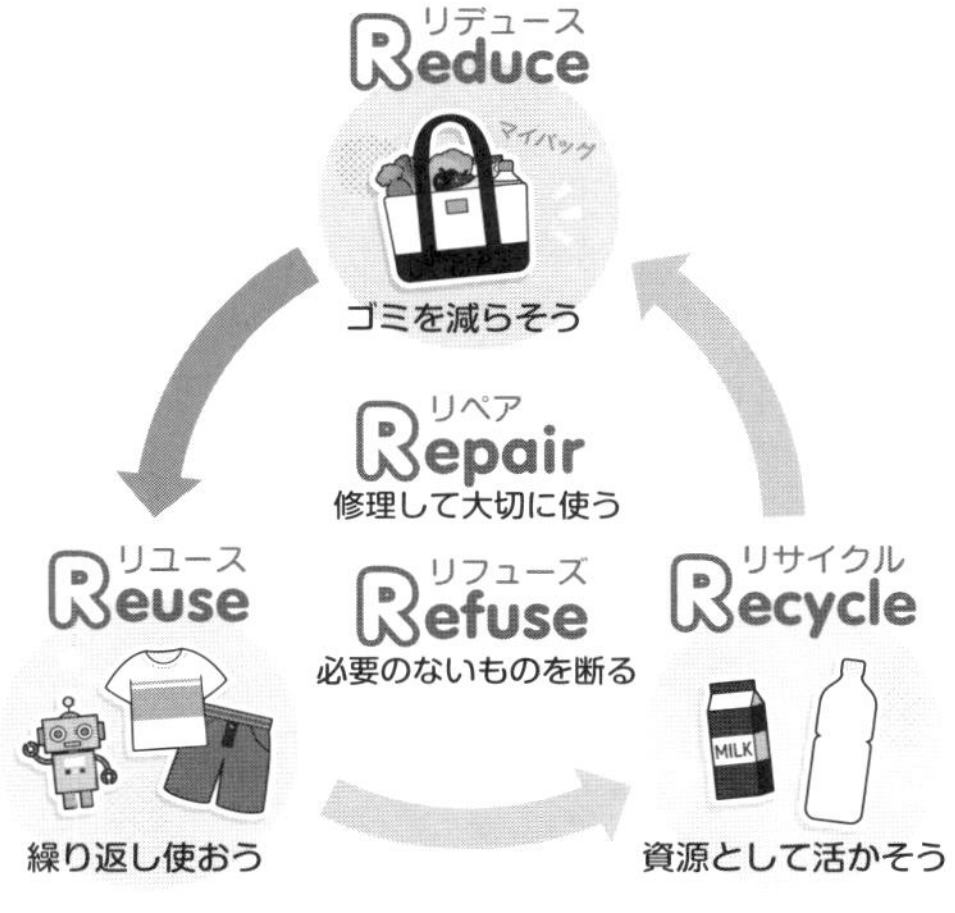

SECTION 09

江戸時代の再利用と修理

江戸時代に行われていた再利用、リユースとリペアを見てみましょう。

江戸時代のリユース

江戸時代の庶民の学校である寺子屋で使用していた教科書は、各生徒が買って自分だけのものとして使うのではなく、寺子屋の備品を借りて使っていました。そのため、1冊の教科書が100年以上使用されていたという記録もあるそうです。そうなると生徒も教科書に落書きはもちろん、傷めることもできません。物を大切に使う「勿体ない」の精神は、このような所からも養われたのかもしれません。

現代では、教科書は年度が変われば内容も変わり、そのため、古い教科書は使おうにも使うことはできません。小学校で教えるような基礎的、初歩的な学習内容をそんなに頻繁に変更する必要があるのかという疑問が湧きますが、現代ではもしかしたら、頻繁に変えるのがサービスだと考えられているのかもしれません。

江戸時代のリペア

リペアは傷んだ、あるいは壊れた製品を修理、修繕して使うことです。そのための修理専門業者が揃っており、そのような職業の人の多くは、自分の店を構えて客を待っているのではなく、自分で街を回って客を見つけていました。私が就職した昭和50年(1975年)頃には、名古屋の街にもそのような方(鋳《い》掛《かけ》屋《や》、傘修理、包丁、ハサミ研ぎなど)が自転車に道具を積んで、固有のサイン(ベル、スズの音、旗など)で存在を示しながら、回っていたものでした。豆腐屋さんと同じ感覚でした。

① 焼継屋《やきつぎや》

現代では、陶磁器を割ってしまっても接着剤などを使えば、誰でも簡単に接着して再使用できますが、昔はそのような便利な接着剤はありませんので、修理専門の職人がいました。

割れた茶碗や瀬戸物類は、接着して再生するのが普通でした。古い時代は、陶磁器類の接着に漆を使っていました。江戸に入っても、高級品は漆で修理されていましたが、江戸中期、白玉粉（鉛が主成分）や無色のガラス粉末などで接着してから加熱する「焼継ぎ」といわれる修理法が発明され、普通の安い茶碗などは、この方法で修理するようになりました。

高級品は相変わらず漆で接着し、接着箇所に現れる漆に金粉を塗って飾った「金継《きんつ》ぎ」で修理しました。金継ぎは最近見直されて、専門職以外に、趣味で行う人もでてきましたが、修理代が高価であり、多くの場合、新品を買った方が安くつきます。

●金継《きんつ》ぎ

②鋳掛屋《いかけや》

鋳掛屋は、ナベや窯の修理をする人です。江戸時代には鍋釜に穴があいても捨てることはありません。穴をふさいでいつまでも使いました。鋳掛屋は鞴《ふいご》と火鉢を持ち歩き、頼まれればその場で即座にハンダ付けをして直していました。

③傘、提灯修理

和傘も提灯も、基本的には竹ひご(竹の細い棒)で作った骨に糊で和紙を貼ったものです。修理は簡単です。そもそも和傘は職のない武士(浪人)が内職で作っていたものです。専門の修理職人でなくても、修理はできます。

④着物のリユース

着物が汚れたら洗濯をし、傷んで破れたら布を当てて修理するのは当然です。修理をするのは下駄も同じでした。緒が切れたら修理をするのはよく知られた通りですが、下駄の中でも、歯が差し込み式になっている「あしだ」と呼ばれる歯が薄くて高い下駄は、履いているうちに歯がすり減って低くなります。そうなったら、歯を抜いて新しい歯に差し替えるのです。こうやって、何回も履きなおすことができました。

他にも古着専門の買取り業者もいました。万治元年(1658)には江戸市中だけで500人もいたといいます。基本的には街の人々から着なくなった着物を買い取るのがもっぱらだったと思われますが、中には湯灌場《ゆかんば》買いと呼ばれる、死者の着物の買取を専門とするユニークな業者もいました。湯灌場とは、納棺前に亡くなった人の体を拭き清める場所のことで、主に寺の近くに設けられていたそうです。湯灌場買いは、湯灌場に赴いて不要となった死者が着ていた着物を買い取っていました。

江戸時代には衣替えの時期になると富裕層では今のように季節ごとに着物を用意していましたが、庶民は着物を作り直していました。つまり、春になって暖かくなると、袷着物《あわせきもの》の裏地を取って単衣《ひとえ》にし、寒くなると再び裏地をつけて綿を入れるという形で着物を縫い直していたのです。大人が着られなくなった着物は、子供用に仕立て直し、古くなると生地を割いて下駄の鼻緒や掃除用のはたき、雑巾、赤ちゃんのおしめなどにします。また、生地を割いて細くし、それを撚って紐にした物を織って布にすることもありました。これは「裂き織」といい、東北地方で用いられましたが、現在もファッションの一端として楽しんでいる人もいます。

経済成長しない江戸時代

人々が次々と新しいものを買ってくれないと、経済は成長しません。計算によると、幕府が雇う大工の賃金が2倍になるのに200年かかっており、経済成長率は年に0・3％ぐらいだったそうです。当時の人の寿命を考えれば、1人の人生の間に「経済が豊かになった」とは実感できない、いわば定常型経済でした。このような状態で、西洋列強などの他国に攻められて、戦争にでもなったら、ひとたまりもないでしょう。日本は闘うまでもなく、たちどころに敗北して列強の植民地になったことでしょう。それだけならまだしも、日本人の従順で賢く、辛抱強い性格を見抜かれて、奴隷にでもされて他国に売られるなどしたら、目もあてられません。日本がこのような経済状況で250年間も耐えることができたのは鎖国政策のせいでしょう。逆に言えば、鎖国政策のせいでこのようなひっ迫した、何の成長もない250年間を過ごさなければならなかったということもできるかもしれません。

しかし、資源を浪費してゴミを増やして経済成長し、他国と戦争をして負けない国でいることと、目立った成長はしなくとも、穏やかで平穏な毎日を過ごすのと、どちらがいいかと言われたら、選択は難しい問題と言わなければなりません。

SECTION 10

江戸時代のリサイクル

リサイクルは製品を一度原料に分解し、その後、別の製品に作り直すことをいいます。製品を原料に分解することは言うほど簡単なことではありません。壊れた椅子を分解して木材に戻すことは誰でもできます。壊れたガラス瓶を溶かしてガラスに戻すことも、高熱さえあったら難しいことではありません。

しかし、ポリエチレンを分解してエチレンに戻すこと、ペットボトルのペット（ポリエチレンテレフタレート）を原料のテレフタル酸とエチレングリコールに分解することは、それ相当な化学工場の設備が無ければ化学者にも無理であり、また、その設備を稼働するためにはたくさんのエネルギーを使います。結局、「省資源」にはなっても、「省エネルギー」になるかどうかは疑問です。格好良いだけで、無駄な努力ということかもしれません。

紙のリサイクル

そんな中にあって、江戸時代のリサイクルと言えそうなのが紙の繰り返し使用です。「紙くず買い」という商人は、不要になった帳簿などの製紙品を買い取り、仕分けをし、漉き返す業者に販売していました。いってみればリサイクルという一連の作業のうち、収集、分別、運搬を担う中間業者です。当時の和紙は、10㎜以上もの長い植物繊維でできていたので、漉き返しがしやすく、各種の古紙を集めてブレンドし、ちり紙から印刷用紙まで、さまざまな再生紙に漉き返すことができたのです。

つまり、紙くずから再生紙を作っていました。そのため、紙くずは売買されていました。それぐらい紙が貴重だったのです。古紙回収は「新聞紙回収」という名前で今も行われています。

江戸時代は紙を大量に消費していましたが、庶民が利用したのは「浅草紙」と呼ばれる再生紙でした。書き古しの紙や鼻紙（今でいうティッシュペーパー）、あるいは町に落ちている紙くずを紙くず屋が集め、紙くず問屋が漉き直して再生紙を作り、それをまた売っていたのです。

灰のリサイクル

当時は火を使うときには竈《かまど》や炉を使っていました。不要になった紙もそこで燃やされ、溜まった灰は「灰買い」と呼ばれる業者が集め、売っていました。ですから、灰の利用も紙のリサイクルの一環と見てよいかもしれません。

灰の利用法はさまざまでした。畑の肥料（カリ肥料、植物の三大栄養素、窒素N、リンP、カリウムK）や中和剤（土壌が酸性になると植物の生長が阻害されるので、それを中和するためのアルカリ成分）として使うのはもちろん、台所の洗剤（現在のアルカリ洗剤）、シャンプー、陶芸の仕上げの釉薬《ゆうやく》（高温で焼くと青灰色のガラスになって陶磁器の表面を覆う）、染色の色止め（色落ち防止）などです。さらに、すり傷や切り傷に塗って止血をしたり、傷口を乾かしたりする医薬品としても使っていました。

屎尿処理

江戸のトイレは汲み取り式でしたが、大用と小用に分かれているところもありました。それは、江戸近郊の農民が排泄物を2種類に分けて買い取っていたからです。

① 人糞肥料

化学肥料のなかったこの時代、人間の排泄物は農作物を育てるための貴重な肥料でした。そのため、江戸の街から出た排泄物は農民によって買い取られたり、野菜と交換されたりして、すべて農家へと運ばれていきました。

同じような排泄物でも価格に高低があり、高価な食品を食べていた家から出た肥料は高価でした。そのため、もっとも高価だったのは江戸城からでたものだといいます。しかし、この頃、江戸城内には少なくとも下級武士用のトイレは無かったといいますから、量は少なかったのでしょう。

人間の排泄物を肥料に用いた国は少なかったといいます。日本では馬糞も集められ、同様に農業の肥料に利用されていました。食品が排泄物になり、その排泄物がまわりまわって植物という食品に蘇る。これも人間を組み込んだリサイクルといえるのかもしれません。

② 清潔な街

こうした屎尿処理システムによって、100万人の人間が住む大都市江戸の衛生環境は常に清潔に保たれていたのです。それと対照的に、18世紀のロンドンではテムズ川に排泄物や工場の排水が流れ込み、その汚染や悪臭が社会問題になっていました。トイレのないパリなどヨーロッパの家では、夜の用足しは「オマル」で行い、中身は朝になると窓から道路に投げ棄てていました。ヨーロッパでチフスやペストなどの感染症が猛威を振るったのは当然の結果としかいいようがありません。

♻江戸のゴミ処理

江戸の町はリデュース、リユース、リサイクルのすべてが備わった、高度な循環型社会でした。しかし、ゴミがまったく出なかったというわけではありません。人口の増加に伴い、ゴミの量も増加していきました。そこで、1655年(明暦元年)には隅田川河口の永代島が、1730年(享保15年)には深川の越中島がゴミ捨て場に指定されました。ゴミ捨て場となった島は埋め立てられ、田畑や町場になっていきました。

SECTION 11

江戸時代の食品保存

現代の私たちは、乳製品を別にすれば、米を中心とした穀物と、野菜と果物と果実と、魚、鳥、牛、豚などの家畜のタンパク質を原料とした食物を食べて生活しています。

現代と江戸時代とでは、直接食べる食品の種類は違っていますが、その原料は大差ありません。差があるとしたら、野菜と果物に外国からの新しい品種と品種改良の成果の新しい品種が増えたことと、家畜の肉が加わったことくらいでしょう。調理法も基本的な、「切る」「焼く」「煮る」「蒸す」「揚げる」などの変化形があるだけです。このような中で、調理の最前線に立つ人たちにとって頭を悩ますのは食品の保存でした。

乾燥食品

冷蔵技術の未発達な中で、食材を保存するには、脱水加工、つまり乾燥が一番手軽でかつ有効な手段でした。野菜や果物を「乾物《かんぶつ》」として、魚を「干物《ひもの》」として保存する方法は、古来からの伝統的技法であり、とくに日本の湿度の高い気候を考慮すると非常に効果的でした。

① 乾燥野菜類

食材を日光に当てて自然に乾燥させることで、腐敗の原因となる水分を取り除き、長期保存を可能にしました。干し柿や干し椎茸、干し大根などの乾燥植物はそのままの形で食されることも多く、独特の風味が人々の舌を楽しませてくれました。

また、乾燥の途中で太陽光に当てるこ

●干し柿

とは、そこに含まれている高エネルギーの紫外線で殺菌、漂白することでもあり、ますます好都合だったのです。この保存法は、質素ながらも豊かな食文化を支え、季節を問わずさまざまな食材を楽しむ土壌を提供していたのです。

②乾燥魚介類

スルメ、巨刺し、ジャコなどの干し魚などは庶民にとっての貴重なタンパク源でした。魚の乾燥品の傑作はカツオ節でしょう。これはカツオの頭と内臓を取って三枚に下ろし、茹でます。これを燻製して成形した後、全体に特別の「カビ」をつけるのです。するとカビの根がカツオの内部に浸透し、内部の水分を表面に移動します。このようにしてほぼ完全乾燥したものが、石のように硬いカツオ節なのです。

カツオ節は削って醤油を掛ければおにぎりに最高の「おかか」になり、お湯に入れれば最高の出汁《だし》がとれ、インスタント食品の傑作のように思われますが、それを作るための労力を考えれば、とてもインスタント食品などとは言えない食品です。

♻ 塩蔵食品

食品を塩に漬けて保存する「漬物」は、江戸時代を通じて家庭の食卓に欠かせない存在でした。野菜を塩や米ぬか、味噌、醤油などの調味料で漬け込むことで、長期間の保存が可能となり、また独特の味わいを楽しむことができたのです。

① 植物の塩蔵

日本の各地域ごとに、使用する野菜や調味料、漬け方には独特の特色があり、これがその地域の歴史や気候、風土を反映したものとなっていました。たとえば、関西のしば漬け、千枚漬け、関東のたくあん、高菜漬け、東北の菊の花漬け、秋田のイブリガッコ(大根を囲炉裏の上につるし、煙でいぶされて燻製状態になったたくあん)、金沢のカブラ漬け、九州の壺漬けなど、その多様性は日本の豊かな食文化を物語っています。

漬物は、季節の変わり目や収穫のピーク時に大量に作られ、一年を通じて家族の食卓を彩っていたのです。

②魚介類の塩蔵

塩は、古代より食材を保存するための重要な手段として用いられてきました。とくに、江戸時代において魚や海産物の保存には欠かせないものとなっていました。新鮮な魚をすぐに食べることができない場合や、大量に獲れた魚を保存するために、魚を塩でまぶして保存する「塩漬け」の方法が取られました。

この塩漬けにより、魚が発酵し、独特の風味を醸し、また旨味を高めることができました。イカやタコの塩辛、アユのウルカ、ナマコの内臓のコノワタ、カツオの酒盗、シオマネキ（小型のカニ）のガンヅケなどは江戸時代の人々の日常生活に深く根付いた保存法として活用されていたのです。

また、塩水に潜らした魚を軽く乾燥したものは、日常のおかずとして重宝されました。アジやサンマ、カレイの干物、鮭の荒巻などです。中には塩水に一工夫施した江戸のクサヤなどもありまし

●コノワタ

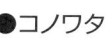

た。また、御飯と一緒に漬けこんで発酵をうながした、近江(滋賀県)の鮒ずし、東北の飯鮨《いいずし》などもあります。

保存のための煮詰め料理

煮詰め料理は、食材を煮詰めて水分を減少させ、保存性を高める技法です。原料としては主に野菜や果物、魚や肉などが用いられます。

基本的なレシピとしては、まず食材を小さく切り、鍋に砂糖、醤油、みりん、酒などの調味料とともに入れ、弱火でじっくり煮詰める方法が一般的です。煮詰めすぎると、食材が固くなったり、栄養が失われるデメリットもあるため、適切な火加減や時間を見極めることが求められます。

食材を煮詰めることで、不要な水分が飛び、うま味成分や栄養が凝縮されます。また水分が飛ぶことで、食材に含まれる糖分や塩分が濃縮され、微生物の繁殖が抑制されます。これにより、煮詰め料理は数日から数週間、冷暗所での保存が可能となります。

江戸の佃島で作られた佃煮、三重県桑名のハマグリのしぐれ煮などが代表的です。

SECTION 12

江戸時代の冷蔵

現代の冷蔵・冷凍技術とは異なり、江戸時代には「氷室《ひむろ》」という天然の冷蔵庫ともいうべき、独特の冷蔵方法がありました。

氷室とは

氷室は、冬に採取した氷を、年間を通じて保存するための特別な構造を持つ施設で、地下深く掘られた石や土でできた部屋でした。この構造は、外部の温度変化から内部を守り、湿度を調整することで、氷の状態を最適に保っていま

●氷室《ひむろ》

した。氷室は、当時の日本の気候や環境を活かした、科学的な知恵の産物と言えるでしょう。

♻ 暮らしと氷室の関連性

江戸時代の日常生活において、氷室は高級な冷蔵技術として扱われ、同時に魚介類を扱う人々にとって、夏の暮らしには欠かせませんでした。

氷室から取り出される氷は、食材の鮮度を保つ冷却材や、暑い日の涼を求める氷菓子作りなど、さまざまな用途に使われました。大名や富豪の家では、夏場にはこの氷室から取り出した氷で作る氷菓子が供されることも珍しくありませんでした。加賀藩では真夏に江戸の将軍家に氷を届けるのを恒例の行事としていました。

また、氷室を所有していることは、その家の経済力や社会的地位を示すものとしても注目されていたのです。

平安時代の貴族、清少納言は随筆『枕草子』の中で、「すばらしいものは夏に食べる、新しい金属の器に入れた氷に甘づらの汁を掛けた物」と言っています。この氷は氷室から出してきたものです、甘づらの汁というのは現代の「メープルシロップ」のようなものでしょう。木の枝からしたたり落ちる汁を煮詰めた甘い液体でした。「新しい金属の器」と言え、貴族にだけ許された禁断の味だったことでしょう。

江戸時代の食材保鮮とコスト

氷室は、食材の鮮度を保つための重要な施設でしたが、その維持にはかなりのコストと労力が必要でした。毎年、冬になると労働者たちが集まり、山間部で氷を採取する大仕事が行われていました。その後、氷は氷室に持ち帰られ、適切な管理のもとで保存されました。氷室の維持には、常に一定の温度や湿度を保つための管理が欠かせず、これには大きなコストがかかっていました。

そのため、このような冷蔵技術は、都市部の富裕層や大名など限られた人々だけのものであり、庶民の日常生活にはなかなか普及しなかったのです。

江戸時代には江戸前の握りずしが発明され、人気を博しました。「江戸前の握りずし」というのは「江戸の前の海から捕った魚」を用いた握りずしということで、生の魚を使うのが特色です。中には「マグロのヅケ」や「コハダの酢締め」などのように調理した魚も用いますが、本骨頂は生の魚を使うことにあります。

余った魚はどうやって保存しましょう？　このために考案されたのが井戸でした。井戸は地下深い所にあるので温度がほぼ一定しています。そこで井戸に笊《ざる》を釣るし、その中に魚を保存したのだそうです。現代の冷蔵庫と違って魚が乾燥することもなく、便利だったといいます。

江戸時代の日本人は、限られた技術と環境の中で、食材の鮮度を保つための独自の方法を編み出し、日々の生活を豊かにしてきました。乾物、漬物、塩漬け、氷室といった保存方法は、自然と共生しながら持続可能な生活を実践していた証と言えます。

現代においても、食品の無駄を減らすためや環境負荷を低減する観点から、これらの古き良き保存方法を再評価し、取り入れる価値があるでしょう。私たちの先人たちの知恵と技術は、今のサステナブルな生活のヒントとして、参考になるのではないでしょうか？

Chapter. 3
倹約の精神

SECTION 13

日本の心

ここまでに見てきたことで、日本人の「もの」に対する心、敷いては「経済」に対する心が見えてきたのではないでしょうか。それは「それは勿体《もったい》ないの心で節約する」ということです。それでは、勿体ないとはどういうことでしょうか。それを見るには日本人の心の重層構造を見てみることです。

日本人の宗教観

よく、日本人には無宗教者が多いという言葉を聞きますが、それは現代の日本人であって、昔、少なくとも江戸時代の人々は深い信仰心を持っていたのではないでしょうか？　それでは、その宗教とはなにかと聞かれれば、表立っては仏教と神道ということになるでしょう。仏教が百済《くだら》から日本に伝わったのは538年といいますから、それ以前は神道しかなかったことになります。

現代でも多くの家庭に仏壇が具えられ、機会があればお寺に行ってお墓参りをします。また、仏壇を備えている家庭では同時に神棚も備えているのではないでしょうか。そして、お祭りといえば神社に行ってお参りをし、お賽銭を入れてるのではないでしょうか。多くの方が、お葬式は仏式で行い、結婚式は神式で行います。これで無宗教というのも不思議ですが、もしかしたらこれらのことは形だけのことであり、心は伴っていないということなのかもしれません。

① 神道

神道は神話のお伽噺のようなもので、人間と区別するのが難しいような神さまの逸話と、皇室の起源、由来、武勇伝が中心になっています。しかし、昔の人は、神様には八百万《やおよろず》の神様がいるといわれるように、万物には神が宿ると考えていました。米には米の神様が、魚には魚の神様が、木には木の神様が着いているのです。しかし、太陽には太陽の神様が着いているのではなく、太陽そのものが「おてんとうさま」という神様なのです。そこから「勿体ない」の精神が見えてきます。「神様がついている品物を粗末に扱ってはいけない」と考えるのは自然な心情です。このように、日本人のいう「勿体ない」というのは宗教的な意味を込めて「有難過ぎて畏《おそ》れ多い」という気持ちなのです。

②仏教

仏教ではすべての物に命が宿っているといいます。命が宿っているのは牛や鳥や魚などの動物だけではありません。昆虫や植物、菌類にも命が宿っているといいます。食事をするということは、このような命の宿っているものから命を奪うことだというのです。したがって、無暗に命を奪う真似をしてはいけないし、自分が生きるために、しかたなく命を奪ってしまったら、その者《もの》は大切に扱い、利用しなければならないと説きます。つまり、「ものを粗末にするのは勿体ない」ということになります。

江戸時代の人々は、現代の私たちよりずっと宗教心にあふれていました。何かといえば神仏を拝み、神仏に頼っていました。そのような人たちが「ものの中に神さまや命を見たら」そのものを大切に扱おうと思うのは当然です

「勿体ない」という気持ちは単に、「経済的に倹約して少しずつ使おう」という気持ちとは違います。そこには私たち現代人が忘れてしまった宗教心が篭っているのです。

SECTION 14

儒教

江戸時代に人々の心を支えた教えに儒教《じゅきょう》があります。とくに徳川幕府に連なる武家では儒教を心の拠り所としました。これは仏教のように「教」とはいいますが、宗教のように特定の神や仏を信仰するものではありません。その意味で「宗教」というよりは「倫理哲学」のようなものです。

儒教は紀元前6世紀の古代中国で思想家の孔子によって唱えられました。孔子は「堯・舜・文・武」という古代の君子たちの政治を理想とし、礼儀と仁義を重視し、上下の秩序を守ることを唱えました。国同士が戦うなかで、武力によって他者を支配しようとする覇道を批判し、君子の徳によって政治を行う王道で天下を治めるべきだと主張したのです。

儒教の教え

儒教は、儒教として伝来する前に孔子の書いた「論語」として日本に伝わりました。それ以来、論語を読むことは武家や支配階級の人には必須のこととされていました。

儒教の教えには「仁・義・礼・智・信」の「五常」というものがあります。

①「仁」

人を愛し、思いやることをいいます。孔子は「五常」のなかでも最高の徳目としていました。

②「義」

利や欲にとらわれず、世のため人のために行動することです。日本の武将、上杉謙信が「義の武将」と呼ばれていることも有名です。

③「礼」

謙遜し、相手に敬意を払って接することをいいます。後に人とかかわるうえで守るべきことを意味するようになりました。

④「智」
偏らずに幅広い知識や知恵を得て、道理をわきまえることで、善悪を判断することをいいます。

⑤「信」
人を欺かず、また人からは信頼してもらえるように常に約束を守り、嘘をつかず、誠実であることをいいます。

これら5つの教えを守れば、父子・君臣・夫婦・長幼・朋友などの人間関係がうまくいくという考えです。

日本における儒教の歴史

日本に百済から儒教が伝わったのは513年ですから、仏教と同じ頃です。ただ「古事記」には、これよりも前に孔子の弟子が編纂した「論語」が伝わっていたという記述もあり、正確な時期はわかっていません。

飛鳥時代、中大兄皇子《なかのおおえのおうじ》の母親である斉明天皇は深く儒教に帰依《きえ》していたことが知られています。また鎌倉時代から安土桃山時代にかけては、儒教から発展した「朱子学」が広まり、京都や鎌倉などの寺院などで盛んに講義や研究が行われました。

江戸時代になると朱子学は官学とされ、5代将軍・徳川綱吉は文治政治を実施するにあたり、儒教を重要視して、湯島聖堂を建立しています。また、朱子学とは別に儒教から派生した「陽明学」も広く学ばれ、吉田松陰、高杉晋作、西郷隆盛らに影響を与えました。やがて尊王攘夷《そんのうじょうい》思想に結び付き、明治維新への原動力となっていったのです。

儒教と質素・倹約

仁義・礼を護るためには人を愛し、利や欲にとらわれず、謙遜することが大切です。これを簡単に実践するには、欲張らず、相手にへりくだって見栄を張らないことになります。つまり、質素倹約を旨にして大人しくしていることです。儒教は江戸時代の武士だけでなく、庶民の心にもしっかりと浸透していたのでしょう。

朱子学

朱子学は12世紀の中国・南宋の儒学者だった朱熹《しゅき》によって構築された儒教の体系です。

① 朱子学の理論

朱子学の基本は、世の中のすべてのものや事柄は「理」と「気」の2つからなるとする「理気二元論」というものです。「理」は万物がこの世に存在する根拠を指し、「気」は万物を構成する物質を指します。両者はまったく別の存在ですが、お互いに単独では存在することができず、付かず離れずの距離で相互に作用しあう「不離不雑」の関係とされています。

現代科学でいう、エネルギー（理）と物質（気）とでも考えればわかりやすいのではないでしょうか？ また「気」は常に運動しているもので、運動量の大きなときを「陽」、小さなときを「陰」と呼びました。陰陽の2つの気が凝集して火・土・木・金・水の「五行」となり、その組み合わせによって万物が生み出されるとしたのです。「理」は根本的なもので、これらの「気」の運動に対し秩序を与える存在だと考えられました。

この「理気二元論」から朱熹が導き出したのが、「性即理説」です。「性」は人間の本質で、静かな状態のものです。「性」は「理」であるとしました。しかしこの「性」が動くことで「情」となり、動きが激しくなってバランスを崩すと「欲」になると考え、「情」は「気」であるとしています。また「欲」は悪であり、人は絶えず「情」をコントロールし、「性」に戻す努力をする必要があると説いているのです。

②朱子学の問題点

「理」や「礼」を重んじる朱子学は、統治する側にとって都合のよいものとされ、社会の秩序を統制するために利用されるようになってしまいます。

5代将軍の徳川綱吉は、朱子学を講じる湯島聖堂を建設しました。さらに11代将軍の徳川家斉に仕えた松平定信が「寛政異学の禁」で朱子学以外の学問を規制するなど、日本における全盛期を迎えます。しかし皮肉なことに、幕府が後押しをしたことで「天皇を中心とした国造りをするべきだ」という尊王論が起こり、倒幕へとつながっていくこととなりました。

朱子学と陽明学の違いとは

朱子学とよく対比されるのが、中国の明代に王陽明が起こした「陽明学」です。朱子学が唱える「性即理」に対し、陽明学は「心即理」という考え方を唱えます。

朱子学が心を「性」と「情」に分け、「性」こそ「理」としたのに対し、陽明学では、心は分けるものではなく、「心そのもの」こそが「理」だとしました。わかりやすくまとめると、朱子学は「知の学問」で、陽明学は「心の学問」ともいえるでしょう。

権威に従い、「秩序を重んじる朱子学」が統治者に好まれたのに対し、権威に盲従するのではなく、自分の責任で行動する「心の自由を唱えた陽明学」は、自己の正義感に捉われ、秩序に反発する革命思想家に好まれる傾向がありました。日本においても、大塩平八郎や吉田松陰、高杉晋作、西郷隆盛などが陽明学の影響を強く受けていたといわれています。

SECTION 15

倹約の押し付け

江戸時代の人びとは「もの」を大切にし、無駄遣いをしないように心がけました。それは結構なことなのですが、それに輪をかけたのは幕府の政令です。「倹約しろ」という お触れが度々、何回も出されたのです。

倹約令

寛永5年(1628年)に出した法令では、次のような内容でした。

❶ 農民に対しては布・木綿に制限(ただし、名主および農民の妻に対しては紬《つむぎ》(くず絹の糸で織った布)の使用を許した)させました。

❷ 下級武士に対しても紬・絹までとされ、贅沢な装飾は禁じられました。

❸同年には旗本に対しては供回りの人数を制限させました。これ以後、家族の生活や食生活、交際時の土産の内容までが細かく規制を受けるようになりました。
❹農民の服装に対しては続いて寛永19年（1642年）には襟や帯に絹を用いることが禁じられ、さらに脇百姓の男女ともに布・木綿に制限され、さらに紬が許された層でもその長さが制限されました。
❺翌年の「土民仕置覚」では衣服を染める染料にまで注文がつけられました。つまり、紫や紅梅色を用いることが禁じられました。
❻寛文7年（1667年）、天明8年（1788年）、天保13年（1842年）にも繰り返し同様の命令が出されています。

上流階級への倹約令

倹約令が出されたのは、農民や下級町民に対してばかりではありません。朝廷や大奥という階級の人々に対しても、農民ほどの厳格さはなくても同様の規制が行われました。このような指示がたびたび出されたにもかかわらず、命令が遵守されたのは直後のみで時間が経つにつれて都市でも農村でも違反するものが続出したといいます。

SECTION 16

江戸時代の贅沢

このように江戸時代には、人々の服装を制限する法令が度々出されました。「贅沢は身を滅ぼす」というスローガンを強引に人々に強いたのです。その内容たるや、微に入り細に至るまで、介入されたものでした。まったく余計なお世話というものです。

江戸庶民たちは、このように、さまざまな制限を加えられた中でも、何とか洒落たものを身に着けたい、贅沢をしてみたいという、願望を持ち続けていました。そして、為政者には贅沢とは見えない、贅沢な品を作り出したのでした。

着る贅沢

その中で代表的な品物が、「型紙」を用いた小紋です。もちろん絹素材を使って染められたものもありましたが、庶民の品ということになれば、素材は木綿になります。

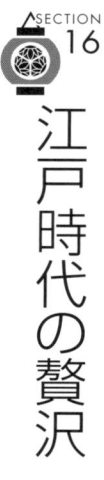

庶民達のささやかな洒落心は、お上の目には触れることのないような、地味で目立たないデザインに目が向けられました。それは、武士が使っていた渋い文様の「裃小紋柄＝江戸小紋」です。これならば、決して華美なものとは意識されず、咎められることはありません。江戸小紋にあしらわれる模様は実に多彩でした。鮫小紋を始めとして、通し模様、霰などの幾何学模様、さらには、万筋などの縞柄まで、多種多様に細かく付けられた柄行きを、渋く小粋なものとしたのです。

●江戸小紋

　この小紋から発展したものが、中形であり、中形は小紋よりも大きい模様なので、多くは木綿生地を使って染められました。浴衣が庶民に普及したのは江戸に入ってからですから、この技法が浴衣の原点ということになるでしょう。

食べる贅沢

江戸時代には一日の食事回数は3回になっていました。一日に5合のお米を食べる江戸庶民でしたが、朝は炊き立てのご飯と味噌汁、昼は冷や飯と野菜もしくは魚のおかず、そして夕食はお茶漬けに漬物程度だったようです。

人気のおかずは、きんぴら、煮豆、切り干し大根の煮物、昆布や油揚げ、ひじきの煮物、白和え、おひたしなどです。目刺し、たたみいわし、あさりの煮物なども食されますが、贅沢品であり、月に数度ほどだったようです。

江戸中期以降になると外食できる屋台や店も増え始め、後期では高級料理や居酒屋などの商いも始まります。江戸の大火により焼失した町の復興の仕事をする職人たちのすきっ腹を満たす屋台も多く出現します。

外食文化が隆盛を極めた江戸時代の四大名物料理といえば、寿司、天婦羅、ウナギの蒲焼、蕎麦でした。いずれも屋台で気軽に食べられる庶民の食として流行したものです。今でいうファストフードです。

やがて座敷で食事ができる居酒屋や料理茶屋が増え始め、中庭のある高級料亭なども登場しました。店には文人や画家など、粋や洒落を表現した文化人たちが集い、交流の場としても利用されたのでした。

飲む贅沢

麦湯は麦茶とも呼び、殻つきのまま煎った大麦をせんじた飲み物で、現在も夏の飲み物として親しまれています。麦湯の名は「料理伊呂波庖丁」(1773年)にも見られ、煎茶の普及していなかった江戸前期から庶民の飲み物だったようですが、麦湯の店が江戸の街頭の夏の夜の景物となったのは、文政(1818年)の頃からといわれています。

江戸時代、人々の飲む酒は日本酒のみで、しかもほとんどの場合、燗酒を飲んでいました。江戸の人々が燗酒を飲んでいたのは、儒学や当時の健康指南書である「養生訓」の影響で、冷たい酒は体を壊すと信じられていたのです。

人々は「ちろり」と呼ばれる酒器にお酒を入れ、それを湯煎して温めながら飲んでいました。当時、作られていた日本酒は、甘く濃厚でアルコール度も高い原酒でした。こうしたお酒は問屋、中買いや小売の各所で加水(水を足すこと)され、最終的に居酒屋でも加水されて町の人々の口に入る頃には、5％ほどのアルコール濃度になっていたといいます。こうして加水することを「玉割り」とよび、加水しても風味の落ちない酒を「玉のきく酒」と呼んでいたといいます。

甘い贅沢

江戸時代にもいろいろの駄菓子がありました。麦こがし・ねじりおこし・みじん棒・豆板・芋ようかん・鉄砲玉・べっこう飴・げんこつ飴・にっけい飴・きな粉飴・かるめ焼き・かりんとう・塩せんべい・あんこ玉などが名前として残っています。

ただし、江戸時代の初めには、砂糖、とくに白砂糖はたいへんな貴重品で、病人や体の弱った人などになめさせる薬として、薬屋で売られていました。一般庶民にとって、甘いものといえば、蜂蜜や干し柿などの果実、水飴やさつまいもくらいで、砂糖は高嶺の花であり、不老不死の妙薬とすら考えられていたといいます。

♻見る贅沢

江戸時代の最大の娯楽は歌舞伎見物だったようです。着飾って歌舞伎座に行き、そこで幕の内弁当を食べながら、歌舞伎をみるのです。このような場所としては他に芝居小屋や見世物小屋がありました。見世物小屋とは、好奇心をそそり驚かせるもの（珍品、奇獣、曲芸など）を見せる小屋で、室町時代に始まり、歌舞伎や人形浄瑠璃とともに京都の四条河原をにぎあわせたといいます。現代のサーカス、博物館、美術館、動物園、お化け屋敷、芸能パフォーマンスなどに匹敵するような種々雑多の出し物を用意していました。

●歌舞伎

SECTION 17

吉宗と宗春

徳川幕府誕生から110年。度重なる大火事や飢饉により幕府は財政破綻に陥り、その影響は庶民にまで及んでいましたが、そのときに立ち上がった2人がいました。1人は徳川御三家のひとつ、紀州藩に生まれ、後に8代将軍になった徳川吉宗です。そしてもう1人は御三家筆頭の尾張藩主となった徳川宗春でした。しかし、2人が掲げた政策は正反対でした。吉宗が打ち出したのは、後に「享保の改革」と言われた国を挙げての節約生活でした。極端な倹約令を

●徳川吉宗

全国民にしき、経済を根幹から建て直そうとしたのでした。しかし宗春は、吉宗の緊縮政策を真っ向から否定しました。倹約令に真っ向から対抗した豪華絢爛、ド派手な衣装に身を包んだ宗春は吉宗に対抗して驚きの政策を打ち出したのでした。

吉宗と宗春

１６８４年、吉宗は紀州藩主徳川の四男として誕生しました。紀州徳川家は、いわゆる徳川御三家の1つで、将軍家の後継ぎが途絶えたとき、御三家のいずれかから将軍をたてるという役割がありました。

御三家とはいえ吉宗は四男で、出世の道は閉ざされていました。ところが、１７０５年、父、長男、三男が次々と急死し、吉宗は思いも寄らない形で紀州藩主の座につきました。さらに１７１６年、7代将軍の徳川家継が亡くなりました。家継はまだ8歳で、子はなく、徳川宗家の血が途絶えてしまう一大事です。次期将軍候補は、御三家筆頭の尾張・徳川継友が最有力候補とされました。ところが時の老中、間部詮房《まなべあきふさ》が将軍に指名したのは紀州の吉宗でした。

尾張藩は、後継者争いに負けて落胆しましたが数年後、その尾張から吉宗にとって不倶戴天の敵、継友の弟、徳川宗春が誕生したのです。宗春は、１６９６年、尾張藩三代藩主の子として誕生しましたが、父には多くの側室があり、子供の数は39人おり、宗春は20番目の男子でした。当然、跡取りの望めるような状況ではありません。

ところが宗春が35歳になった享保15年、大勢いた兄が次々と死に、存命の兄も他家を継ぐこととなっていたため、宗春が藩主の座を継ぐことになりました。宗春は吉宗に藩主となった報告をするため、江戸城に出向きました。

窮状の吉宗

吉宗がもっとも力を入れたのが、後に「享保の改革」と呼ばれた徹底した倹約でした。自らも率先して倹約に努めました。あるとき、質素倹約を進める将軍吉宗は奇妙な噂を耳にします。「江戸にある尾張藩邸が近頃やけに賑やかで、深夜を過ぎても人の出入りがある」とのことでした。この頃宗春は、吉宗の政策を問題視していました。宗春は真っ向から吉宗に勝負を挑みはじめました。

藩主となった宗春は、まず尾張藩邸の夜遊び帰りの門限を撤廃し、同年、尾張に戻った宗春は、芝居の興行や、遊郭の営業も認めました。このとき、吉宗は、自分にとっての宿命のライバルが現れたことを悟ったのでした。

対決

宗春は端午の節句の日、江戸の尾張藩邸におびただしい数の鯉の幟を飾り町人に見物させました。怒った吉宗は宗春のもとへ使者を差し向けました。ところが宗春は使者に言いました。「上にたつ主が倹約、倹約と言っても、貯まるのは幕府の金庫の中身のみ。民を苦しませる倹約は本当の倹約ではありません。私は金を使いますが、使うことによって世間に金が回り、民の助けになるから使っているのです」と使者を説き伏せてしまいました。これに対して幕府から「藩主宗春、行跡常々よろしからざる故もって隠居謹慎せよ」と命令が下され、これで宗春の失脚が決まりました。しかし、宗春はたじろがず「おわり(尾張)初もの」と一言呟いたといいます。自らの藩主人生の「終わり」を、「御三家筆頭藩主に対する初めての仕打ち」と洒落てみせたといいます。

ゆめのあと

８代将軍徳川吉宗は、その生涯を通し、不安定な幕府の財政を立て直そうと戦い続けました。吉宗が進めた改革は、一応の成功を治め、吉宗亡き後も幕府が財政破綻に陥るたび、政治家たちは享保の改革を手本としました。

その吉宗のライバル、徳川宗春は謹慎を命じられると尾張に戻り、そのまま名古屋城内に幽閉されました。基本的に外出は禁止で、母親の葬儀にさえ参列することは許されなかったといいます。１７６４年、宗春は歴史の表舞台に戻ることなくこの世を去りました。しかし吉宗の怒りは収まらなかったようで、宗春の墓には鉄の鎖が掛けられたといいます。今日、宗春の肖像画は一枚も残されていません。それどころか、宗春在命中の正式な記録は闇に葬り去られています。

そんな中、宗春の治世を懐かしみ、密かに記された一冊の本「遊女乃阿戸（ゆめのあと）」には、こんな一説が記されています。「老若男女、貴賤ともにかかる面白き世にうまれ逢うこと、ただ前世の利益ならん」。

SECTION 18

二宮尊徳

小学校時代に、学校の入口の門の脇に、背に薪の束を担いで、本を読みながら歩いている少年の銅像が立っているのを見た方もおられるでしょう。この銅像は二宮尊徳《にのみやそんとく》（通称、二宮金次郎）の銅像です。

江戸時代の農家に生まれた金次郎は、幼いときは貧しい家庭に育ち、質素・倹約を絵に描いたような生活をしましたが、成人してからは農家の農業技術、さらには経済に長じて人々の尊敬を集め、遂には幕府の命をうけて新田開発、農村復興

●二宮尊徳《にのみやそんとく》（二宮金次郎）の銅像

などに貢献した人です。

その生活ぶり、功績は子どもたちの模範になるということで、明治から昭和戦前にかけては多くの小学校で銅像、石像、コンクリート像を置いて顕彰したものでした。

生い立ち

尊徳は小田原市の裕福な農家に生まれましたが、父は放漫で5歳のときに大洪水で田畑が耕作不能になり家は没落しました。14歳で父、16歳で母が他界した後、兄弟は散り散りになり、金次郎は伯父の家の手伝いをしながら成長していきました。

身体が180㎝を超えて当時としては大きかった金次郎はよく働き、24歳のときに借金を返済して田畑を取り戻し、家を復興させます。この頃から尊徳を名乗り始めます。家を再建した尊徳は武家に頼まれ、財政再建や農村の復興に手を貸し、功績を積んでいきます。尊徳の評判が各地に広まると、弟子がたくさん集まり、彼らに頼まれて各地に出向いて指導することもありました。また、藩だけでなく、幕府の命で財政改革の指導や土木工事にも携わり、多くの農村を復興していきました。

尊徳の教え

「至誠・勤労・分度・推譲」を行っていくことで、人は初めて物質的にも精神的にも豊かに暮らすことができるというのが報徳の根本的理論です。

・「至誠」……誠実な心。人は「勤労」から学び自分を磨くこと。
・「勤労」……まじめに一生懸命に働くこと。
・「分度」……自分の置かれた状況をわきまえ、慎み節約すること。
・「推譲」……節約して余った物を自分の子孫と他人や社会のために譲ること。

飢饉で食べるものもあまりなく、各地で一揆が起こっていた時代に、「人々が自力で助け合って、暮らしと村を再建させる」という報徳思想は、「弱いもの同士が助け合って幸せな暮らしと社会を築く」という相互扶助の考え方であり、今日の協同組合の原点ともいえます。

主な業績

①家政立て直し

小田原藩で1200石取の家老をしている服部十郎兵衛が、金治郎に服部家の家政の建て直しを依頼し、金次郎は5年計画の節約で、服部家の財務を整理して1000両の負債を償却し、余剰金300両を贈りましたが、自らは一銭の報酬も受け取りませんでした。この評判によって小田原藩内で名前が知られるようになりました。

②村財政の立て直し

文政9年(1826年)、金次郎が組頭格に昇進して桜町主席となりました。再建は村民の抵抗にあって難航しましたが、天保2年(1831年)には正米426俵を納める成果を上げ、同5年には1330俵を返納しました。その方法は報徳仕法として他の範となりました。ただしこれらの復興政策は村人らに反感を持たれ、その上、上司に妨害されたときは尊徳も腹を立て、突然行方不明になりましたが、成田山で断食修業していることが判明し、修業を終えて戻ると村人らの反感もなくなっていたといいます。

Chapter. 4
江戸時代の時代背景

SECTION 19

江戸時代とは

江戸時代とは徳川家康が征夷大将軍《せいいだいしょうぐん》に任じられて江戸に幕府を開いた慶長8年（1603年）から15代将軍徳川慶喜の大政奉還によって王政復古が行われた慶応3年（1867年）にいたるまでの265年間、江戸（現東京）が日本の政治の中心であった時代をいいます。江戸時代の日本には、世界的に特異な制度がありました。

身分制度

江戸時代の人々には身分が定められ、その身分は大きく「士・農・工・商」の4つに分けられました。この順番は身分の高いとされる順に並んでおり、農民が工・商よりも上位に位置づけられています。この4つの身分を四民《しみん》といい、さらにその下に「穢多《えた》、非人《ひにん》」と呼ばれる階層の人々がいました。

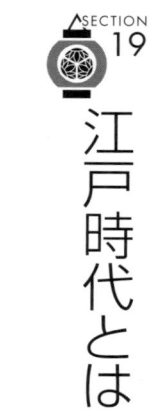

「士」は武士のことで、人口全体の10%ほどを占めており、多くが都市部に住んでいました。武士は支配階級としてさまざまな特権を持ち、苗字を名乗ることができ、帯刀(刀を持つこと)・切捨御免(無礼打)などが認められていました。

「農」は農民であり、人口の約80%を占めていました。「工」は職人、「商」は商人で、あわせて町人・町方などと呼ばれました。当時は、商人のように「自分でものを作り出すことなくお金を儲けるのは卑しい」という考え方があったのです。

藩制度

藩制度というのは、江戸時代の大名家による領域支配制度です。大名家というのは、幕府から1万石以上の領地を与えられた者を指し、総数二百数十家ありますが、その内訳は、小さい藩では1万石から大きい藩では100万石余り(徳川家680万石、1位 前田藩(現金沢102万石)、2位 島津藩(薩摩藩)(現鹿児島県73万石)、3位 伊達藩(現宮城県63万石　豊富な海産物で実質100万石以上)まで大小さまざまです。

各藩では藩主の居城・居宅を地理的中心とした領内支配体制が形成され、領民からの年貢を主な財源にして、参勤交代をはじめ幕府への軍役負担や、領内支配にあたる家臣団への給料支給など、藩内の支配体制の維持を行っていました。

大藩の場合には相対的に独立性が強く、独自の経済制度や法制をもったところもあります。幕府倒壊直後も藩制による地域支配自体は続行され、最終的には１８７１年（明治４年）の廃藩置県により消滅しました。

鎖国制度

鎖国は、急に開始された訳ではなく、段階を踏んで行われていきます。１６１６年にヨーロッパ船の寄港を平戸、長崎に制限したのを皮切りに、１６２４年にはスペイン船の来航を禁止、１６３３年には奉書船《ほうしょせん》といって朱印状に加えて老中の許可を貰った船以外の海外渡航を禁止します。

その2年後には、日本人の渡航や日本人の帰国までも禁止し、島原の乱の後の１６３９年にはポルトガル船の来航を全面的に禁止しました。１６４１年にオランダ商館を長崎の出島に移転させて鎖国体制の完成となります。

平和な江戸時代

日本には長期間に渡り平和状態が維持された時期が2度あります。これは、世界の歴史の中でも類を見ないほど珍しい現象といえます。ヨーロッパはもちろん、中国、インドの歴史を見てもこれほど長期平和を維持した歴史はみつかりません。奇跡的と言ってよいかもしれません。

その1回目は794年の平安遷都から1156年の保元・平治の乱までの平安時代で、およそ350年続いた貴族政権時代です。まさに日本の歴史の中で一番長く政権が続いた時代です。そして2回目は、1603年の徳川家康が築いた江戸開幕から1867年の幕末維新にいたるまで、およそ250年間続く江戸時代です。鎖国で閉じられた江戸時代は長期にわたり戦争がない平和な時代でした。

江戸は世界最大の都市

俗に江戸は「100万都市」といわれますが、これは人口調査の対象に含まれていない武家や寺社の人口が町人と同じくらいの約50万人と推定して、合わせて「100万人」というわけです。最盛期の江戸の人口は総計110〜130万人だったともいわれます。世界に目を向けると、1801年のロンドンはおよそ86万人、パリはおよそ54万人と推定されており、100万都市江戸は北京(90万人)と並んで世界の都市のなかでトップクラスの人口を持つ大都市でした。平和が続いた江戸時代の日本の総人口は3000万人くらいで変動がなく、そして中心都市「江戸」はその3%の100万人が暮らしていたというわけです。現在の日本では総人口の10%が東京にいますから、現在よりは集中度が低かったといってよいでしょう。

自給率

現在の日本のエネルギー自給率はわずか6%にすぎません。これはOECD加盟国34カ国中、2番目に低い水準です。食料自給率は、カロリーベースで38%です。必要量の三分の一しかありません。江戸時代は鎖国時代ですから、すべて国産です。したがってエネルギーも食料も衣料もすべて国産で自給率100%となります。

SECTION 20

江戸幕府の管理体制

江戸時代はその全期間を通じて江戸幕府、つまり徳川家という一族によって管理、支配されていました。

幕藩体制

江戸幕府は国を管理するのに幕藩体制を採用しました。幕藩体制とは、日本国内には地方ごとに土地を治めている「藩」があり、それぞれの藩の政治は「藩」を支配する「大名家」が行うという制度です。

その「大名家」は日本全体を政治する「将軍」と主従関係を結び、将軍はそれぞれの大名の土地を保証し、大名の領地に関しての政治はそれぞれの大名にある程度任せるというものでした。大名は、将軍との主従関係を証明する手段として「参勤交代」や「築城

や ライフライン関係の工事の義務」が課せられました。

大名は、徳川家康の勝利に終わった「関ヶ原の戦い」の以前から徳川家に仕えていた「譜代《ふだい》大名」とそれ以降に仕えることになった「外様《とざま》大名」に分けられました。

力のある大名は前田藩、薩摩藩、伊達藩など、外様大名が多かったのですが、幕府の要職に就くのは譜代大名がほとんどでした。このように、幕府の政治はほぼ徳川家の息の掛った藩による独裁体制だったこともあり江戸幕府は長く続いたのです。

幕府の役職と仕事内容

江戸幕府の仕組みを見てみましょう。

① 将軍

江戸幕府のトップである将軍は、わかりやすくいえば今の総理大臣のような仕事をしていました。もちろん、親から子供に引き継ぐ世襲制です。しかし今の総理大臣と将軍の大きく違う所が3つあります。

- 投票で選ばれず世襲制でした
- 総理大臣は行政権だけ所持していますが、将軍は行政・司法・立法の三権すべてを所持していました
- 総理大臣は日本全体の行政権をもっていますが、将軍は自分の所持している領土の（幕藩体制）行政権しか持っていませんでした

② 大老

この大老という役職は国がピンチなときにのみ置かれた臨時の役職になります。組織の中では将軍の次に身分の高い役職になります。仕事の内容は将軍の補佐として政治全体を見てまとめることをしていました。

大老に任じられるのは徳川家と縁の深い十万石以上の譜代大名で「土井・酒井・井伊・堀田」の４家から260年間で10人しか就任していませんでした。

③ 老中

老中は大老がいないときは江戸幕府の中で将軍の次に偉い役職でした。老中になれ

る条件は2万5千石以上の譜代大名です。定員は5~6名おり、月ごとに当番を決め月ごとに1人ずつ交代で勤務していました。

老中の主な仕事は朝廷・公家・大名・寺院に関すること、各領地の管理などの統括です。基本的には大目付（大名や朝廷を監視する仕事）や町奉行（裁判所）、勘定奉行（財務省）等の管理運営をしていました。これらの仕事を実働面で運営しているのが旗本でした。

④ 若年寄

老中は全国を管理する機関を運営しているのですが、この若年寄は旗本や御家人の管理を主軸とした将軍家の家政を担当していました。定員は6人で1~3万石の譜代大名が任命されました。基本的には書院番（将軍の親衛隊）や先手組（治安維持）、定火消役（消防）、火付盗賊改（警察）の管理をしていました。

⑤ 奉行

江戸時代には三奉行と呼ばれる、勘定奉行・町奉行・寺社奉行の3つの奉行所がありました。勘定奉行は今の財務省のようなところで、予算の執行を行っていました。

町奉行は今の警察と裁判所を兼ねたような部署で、社会暴力の取り締まり、社会秩序の維持を行っていました。一方、寺社奉行は寺社などを監視する宗教行政機関でした。この中で、勘定奉行と町奉行は老中に管理され、旗本がその仕事を行いましたが、寺社奉行はそうではなく、大名が直接、仕事をしていました。1万石以上の譜代大名が任命されました。

●函館奉行所

SECTION 21

江戸市中の管理体制

100万の人口を持つ江戸の街を争いや事故、火事から守って維持するのはたいへんな仕事です。それを行ったのが町奉行でした。

北町、南町奉行

町奉行は武家地、寺社地を除いた江戸市中、つまり江戸の庶民の行政、司法、警察、消防などを管理・支配しました。定員は原則2名で、1カ月交替の月番制で勤務しました。奉行所の所在地により、それぞれ北町奉行、南町奉行とよばれました。

両町奉行の配下には与力《よりき》50騎、同心《どうしん》200人(のち280人に増員)が属し職務を分担しました。わかりにくいですが、与力の方が上役です。与力、同心は抱席《かかえせき》(一代限り)を原則としましたが、多くは世襲でした。

与力・同心

町奉行の下に着くのが与力です。一人の与力は4～5人の部下の同心を指揮監督します。与力、同心とは現代で言えば警察官僚で、幕府から俸給をもらう、いわば公務員です。

与力や同心がポケットマネーで雇っているのが御用聞き(岡っ引き)です。犯罪捜査に協力する仕事をするので、その道に詳しい人たちですが、非公務員でした。

民間防犯組織

江戸にはこのようないわば公設の防犯組織の他に、町民自身が行う民間の防犯組織もありました。地主が自分自身で番をしたことから名前がついた「自身番」と「木戸番《きどばん》」です。

自身番は大通りの四つ辻にあって、通りを挟んで反対側には木戸番がありました。自身番の上には火の見櫓《やぐら》までたっており、火の用心のための夜回りをしました。したがって自身番は現代の交番、区役所の出張所と消防署の機能を持ち合わせていたのです。江戸市中には1000箇所以上もあったといいます。地主が集めた「町入用《ちょうにゅうよう》」というお金で運営されました。

消防組織

狭い範囲にたくさんの木造長屋が密集する江戸の町は、火事から逃れることができませんでした。「火事と喧嘩は江戸の華」と言われるほどしょっちゅう起こりました。江戸時代267年間に大火だけで49回、小火も含めると1798回もの火事が発生したといいます。

当然、幕府もその対応に乗り出しました。初期の消火制度として定められたのは、武士によって組織された武家火消《ぶけびけし》と、町人によって組織された町火消《まちびけし》に大別されます。

武家火消は幕府直轄で旗本が担当した定火消と、大名に課役として命じられた大名火消に分けて制度化されたため、合わせて3系統の消防組織が存在していたことになります。

江戸時代初期には火消の制度が定められておらず、度重なる大火を契機にまず武家火消が制度化され、発達していきました。江戸時代中期に入ると、享保の改革によって町火消が制度化されます。その後、江戸時代後期から幕末にかけては、町火消が武家火消に代わって江戸の消防活動の中核を担うようになっていきました。

江戸以外の大都市や各藩の城下町などでも、それぞれ火消の制度が定められていました。消火の方法は、火事場周辺の建物を破壊し延焼を防ぐ破壊消防(除去消火法)が主流でした。明和年間ごろからは竜吐水《りゅうどすい》(木製手押ポンプ)なども登場しますが補助的に使用されただけでした。

SECTION 22

江戸時代の世界状況

日本が江戸時代という平和な世の中を過ごしていたとき、世界はどのような状況にあったのでしょうか?

大航海時代

日本の江戸時代の前の戦国時代、ヨーロッパでは長いイスラムの脅威から解放されたスペイン、ポルトガルが他のヨーロッパ社会に先んじて中央集権国家を確立しました。彼らは、イスラムから得た羅針盤の技術により、大規模な外洋航海を始めます。

航海先で彼らは鉄砲の圧倒的な力を使い、先住民族の虐殺、金銀等の資源の略奪、奴隷貿易を行い、膨大な富を得るようになりました。その後、遅れて中央集権国家を確立した他のヨーロッパ列強国は、お互いの覇権をかけて争い、その影響が社会的変化を促進していきました。

民主政治

江戸時代は1603年から1868年までの265年間とされますが、ヨーロッパの覇権をかけた長く激しい争いは、各国の消耗を招き、しだいに宗教勢力の権力に裏打ちされた王権に疑問が生じてきました。

とくに西ヨーロッパでは、1642年の清教徒革命により、既存の宗教勢力の弱体化、政教分離、王権の制限という流れがはっきりしました。これによって、民主政治の芽生え、「君臨するが統治せず」という、現在の立憲君主制が広まりました。1789年フランスでは革命がおこり王権が倒されるに至ります。日本ではすでに聖徳太子により、君臨するが統治せずという伝統が作られており、織田信長によって政教分離は完成されていました。

科学の勃興

ヨーロッパでは、宗教の呪縛から放たれたことにより科学技術が芽生え、1633年ガリレオ・ガリレイの地動説、1661年ニュートンの万有引力の発見など、科学技術に関する発展が起こりました。とくに1760年頃からイギリスで始まる産業革命による機械工業の発展は、現代に至る金融支配を含む社会構造を作り、その圧倒的な技術的優位、金融的優位、武器の優位は、1776年に独立したアメリカを加えた西洋列強の世界の植民地化を進めました。この状態は実質的に第二次世界大戦が終わるまで続きました。

識字率

日本の幕末の頃、西洋で一番識字率が高かったと言われるのがイギリスの大都市部で25%、パリ10%未満と言われますが、江戸の識字率は70%を超えていたと言われています。当時の世界では驚異的な識字率を持ち、農民にまで及ぶ算学の流行に代表される庶民の知的レベルの向上、細分化された職人の技術水準の向上、商業道徳の確立、商業の発達による為替・手形などの金融の発展など、明治維新のとき、アジアで唯一西洋化を成功させる基盤がすでに整っていました。

当時日本全土で藩校を除く寺子屋と私塾だけで16800以上があり、日本人が学ぶ欲求が強い民族であったことがわかります。また現在に至る日本人のさまざまな道徳観、文化を形成する文明の進化が起こっていました。

このように、世界では大変化が起こっていましたが、現在の主要な国のなかで唯一、日本だけが江戸時代の末期まで、他の強国の軍事的影響を受けず長い平和のなかで、権力者が貧しくなり、町民、農民が豊かになり、庶民文化が花開くという、世界史でも奇妙なことがおこっていたのでした。

♻ 人口

ちなみに、1700年代の世界の人口は次のようになっています。

・世界総人口……………6億4100万人
・アジア全域……………4億7200万人
・ヨーロッパ全土………1億6600万人
・南北アメリカ大陸……2500万人
・中国……………………1億5000万人
・日本……………………2600万人
・イタリア………………1300万人
・イギリス全土…………930万人
・スペイン・ポルトガル…800万人

大陸別ではアジア大陸、国別では中国がダントツで多くなっていますが、日本も狭い国土の割には健闘していることがわかります。人口密度からいったらダントツの世界一でしょう。これで、食料自給率は100％なのですから、驚くばかりです。

Chapter. 5
江戸時代の気候

SECTION 23

江戸時代の気候変動

最近、地球温暖化に基づく異常気象、気候変動の結果、世界的に異常高温ばかりでなく、異常渇水、異常洪水など気候に基づく被害が広がっています。しかし、気候変動、異常気象は江戸時代にもありました。

江戸時代は世界的に冷涼な気温だったのですが、江戸のような100万人という過去に例のない巨大人口密度を抱える巨大都市では、現在の東京等の巨大都市が抱えるのと同じ現象が出現しました。つまり現在、大都会に起こるのと同じヒートアイランド現象が起こり、夏の気温は現在と同じ程度まで上昇したのです。一方、日本の火山だけでなく、世界中の大きな火山が噴火すると、その火山灰に基づく太陽光遮蔽で冷夏が起こり、作物が取れずに飢饉が発生しました。

このような不測の事態を、政府(徳川幕府や藩政)は黙って手をこまねいて見ていたわけではありません。懸命の治山・治水、植林を行い、溜め池を作りました。これは

SDGsの「気候変動の具体的な対策」だけでなく、「貧困や飢餓をなくす」精神にもしたがうものです。さらに不幸にして飢饉などの緊急事態が起きたときには、救済措置として「お助け小屋」を開設し、難民の救済にあたりました。

江戸時代の気温

現代の日本の大都市の気温は、地球温暖化やヒートアイランド（都市の気温が周囲よりも高い状態）の影響で過去100年間で、もっとも暑いと考えられています。ところが、最近の研究によりいわゆる「小氷期」と呼ばれる世界的に寒冷な時期とされてきた江戸時代にも、今と同じくらい暑い年、暑い夏があったことがわかってきました。気候変動とは単純な気温上昇を指すのではなく、極端な暑さと極端な寒さが交互に、それも不規則にやってくることを意味しています。

東京の夏の気温は、長期的には年々上昇しています。東京での気象庁の公式気象観測が開始されたのは1875年（明治8年）であり、古気候学でいえば「小氷期」の終焉期にあたります。

① 気候変動

実際、最近140年間の観測データを見ると、1876年から1900年の間は夏の気温が大きく低下する年がみられます。地球温暖化による100年あたりの気温上昇は0・77℃ですが、実際にはその大きさを上回って暑くなっていた傾向が見られるといいます。

さて、それではなぜ寒冷と言われた江戸時代に猛暑年が観測されたのでしょうか？

当然ながら、江戸時代にも人間活動に伴うCO_2排出はあったのですが、石炭、石油、天然ガスなどの化石燃料を使わない時代ですので、まだCO_2の排出は限定的であり、地球温暖化は起こっていません。にもかかわらず、温暖化が比較的広範囲に起こりうる要因としては、地球の気候そのものが持つ「自然の周期的な変動」が挙げられます。年次変化の解析によると、このような要因としては「太陽活動周期」や「エルニーニョ」の影響が指摘されています。

② 氷河期と間氷期

そもそも、地球は太古の昔から氷河期という寒冷の時代を繰り返し何回も経験してきたのであり、その氷河期と氷河期の間には間氷期という温暖な気候の時期がありました。つまり、地球はそれ自身の「性格」として、寒い時期と暖かい時期を繰り返すのです。

氷河期には海水が凍り、海水の体積は縮小します。この結果、海面は低下し、たいていは露出します。この露出した海底を歩いて人類や動物は大陸間を移動したのです。間氷期には氷河、氷山は融け、その上、海水は膨張しますから海面はあがり、動物は今いる大陸あるいは島に閉じ込められます。

このような大変動を繰り返してきたのですから、少々の暑さ、寒さには慣れっこになっているはずです。

③ ヒートアイランド

これとは別に、より規模が小さい地域特有の気象現象の影響もあります。たとえば、江戸のような百万都市では、当時から「ヒートアイランド」が起こっていたという仮説もあります。

確かに、江戸の街を覆う、黒い瓦屋根は日射光の吸収率が高く、日中非常に高温となり周囲の空気を加熱するはずです。真夏の太陽に照らされた瓦の熱さは経験したかたもおられるでしょう。幕末期の江戸の人口密度は今よりも高かったのです。

江戸の人口は1600年の6万人から増え続け、1721年に100万人を超え、1846年に114万人というピークを迎えたといいます。この値を人口密度にすると2万3000人／㎢となり、現在の東京都の人口密度、約6000人／㎢を大きく上回ります。

江戸の人々がこれほど密集した環境で、夏の暑い日に黒い屋根瓦の下で火を使う生活をしていたことを想像すると、「江戸のヒートアイランド」も当然のことと思えます。

SECTION 24

冷夏

気候の変動にともなう冷害、集中豪雨、干ばつは人々の暮らしに影響します。東北地方は日本国土の約18％の面積をもち、人口は約8％ですが、コメの生産量は全国の約28％を占めています。そのため、この地方を襲った異常気候は食料に甚大な影響を与え、悲惨な結果を残すことになりました。

冷夏の影響

米の収穫に大きく影響する異常気候は冷害です。冷夏の年は凶作になる可能性が高いです。日本の冷夏の原因の大きなものは世界的に大きな火山の噴火です。つまり、火山の噴煙が地球の成層圏に吹き上げられ、20日間程度で世界を一周し、地球上に注ぐ日射が妨げられます。その結果、地球の熱収支関係がわずかに変化すると、この新しい熱収支関係を保つために、それまでの平均的な大気大循環パターンがとくに中緯度で変化します。この結果、地球上のある地域では平年に比べて北よりの冷たい風が、また別の地域では南よりの暖かい風が吹きやすくなるのです。これを日本付近に当てはめると、大気循環パターンの変化により、オホーツク高気圧が北海道東方に停滞することが多くなります。その結果、北海道や東北地方では冷たい偏東風「やませ」が吹く日数が多くなるのです。

♻大雨・強風の影響

図は江戸時代約200年間(1671年〜1860年)の暖候期(5月〜10月)を対象に、10年ごとの大雨や強風の発生日数を集計したものです。このグラフから、江戸時代の大雨、強風発生に関して次のような特徴を読み取ることができます。

❶江戸時代を通して、年代による変動はあるが、全体として大雨や強風の発生頻度が増加傾向にある。

❷大雨が発生しやすい年代には、強風も発生しやすい。これはある意味で当然のことであるが、大雨や強風をもたらす原因の多くが、雷雨や発達した低気圧、台風などにあることを示唆している。

❸大雨と強風の発生頻度には、数十年の周期的変動が認められるが、そのピークは、江戸時代の三大飢饉と呼ばれる「享保の飢饉」(1720年代)、「天明の飢饉」(1780年代)、「天保の飢饉」(1830年代)に対応している。

一般に、江戸時代の大飢饉は、冷夏に

●江戸時代の暖候期の大雨や強風の発生日数

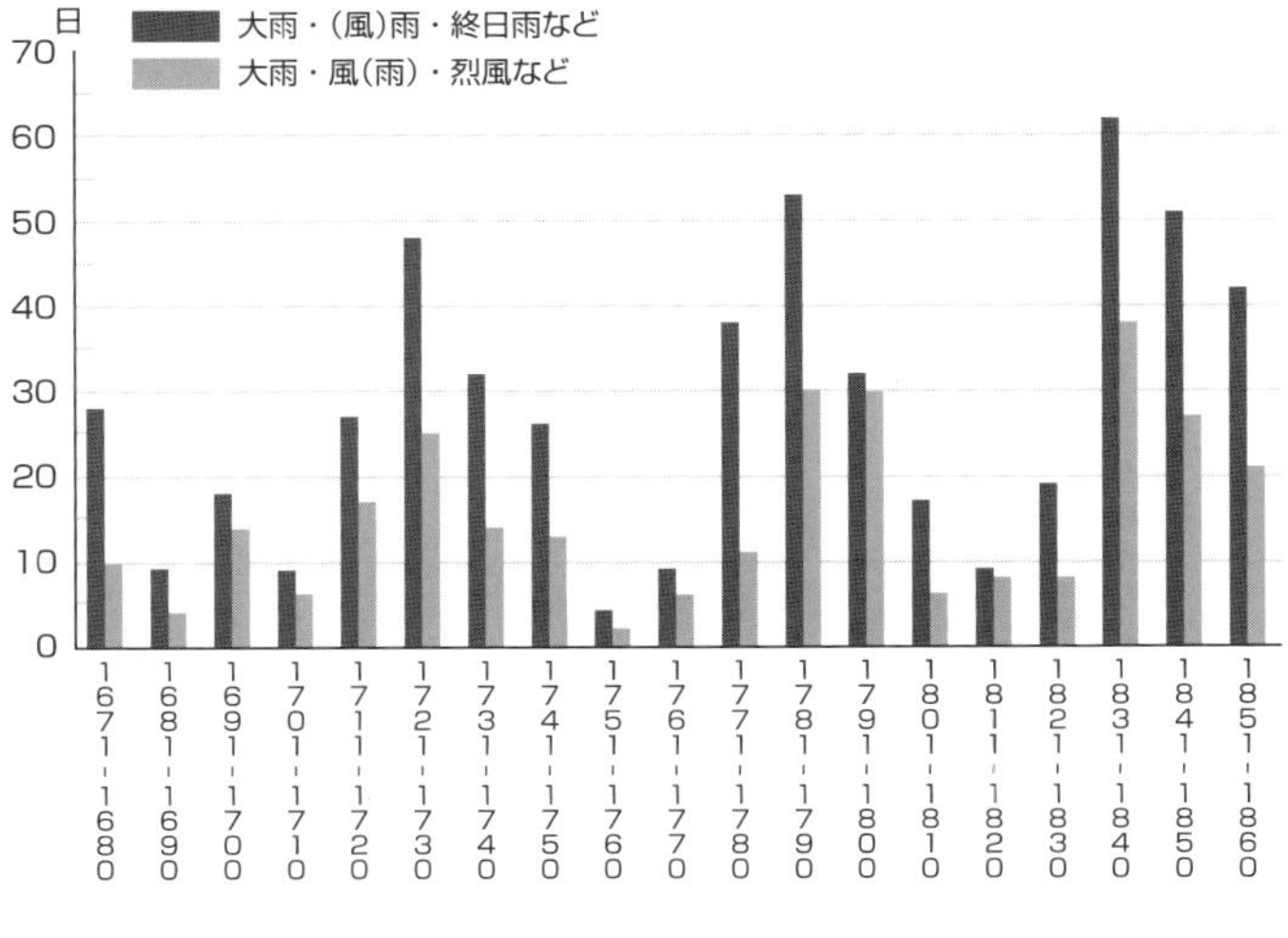

よる凶作が引き金となって引き起こされると言われてきましたが、夏季の低温や日照不足に加えて、大雨や強風などの発生頻度が増加することで、飢饉の期間を長引かせたということもできるようです。

干ばつの影響

昔の日本は、主に干ばつと洪水によって飢饉に見舞われ、その様子は現代のアフリカなど発展途上国の姿に似ていました。

過去数百年間をみると、40～50年ごとに冷害による凶作・飢饉の頻発時代があり、これらは世界的な火山噴火と関連しています。しかし、江戸幕府が開かれて以来、森林保護・河川改修・灌漑により大規模な干ばつと洪水は少なくなりました。

SECTION 25

溜め池

稲作にはいろいろな方法がありますが、日本式の水稲耕作法では、田に水が無ければ、植えることも育てることもできません。日本の稲作農法には水が不可欠です。田に水を供給することを灌漑《かんがい》といいます。

溜め池とは、灌漑用の水を確保するために水を貯え、取水設備を備えた人工の池のことをいいます。その目的のために新設したり、天然の池沼を改築したりすることもあります。日本には十数万から約20万カ所あると推定されています。

溜め池灌漑

溜め池灌漑は、堰《せき》灌漑や井戸水灌漑と並ぶ伝統的な灌漑方法です。溜め池灌漑では、溜め池に水を貯えておき、必要なときに耕作地へ送ります。これにより季節ごとの降水量の変化や干ばつなどの気象変動による影響を抑え、農作物を安定して栽培することができるようにするのです。

① 溜め池の用途

たとえば、日本では、農閑期で水を使わない冬季に川の水を溜め池に取り入れて貯えておけば、春先や初夏といった水が必要になる時季に水田など耕作地へ水を供給することができます。

反対に、梅雨時の河川は平常時を上回る水量となることがあり、洪水の危険性がありますが、このときの余分な水も、溜め池に貯えておけば盛夏時の渇水の危険性を減らすことができます。また、長

●灌漑

野県の白樺湖のように、冷涼な高地から流れ下る雪解け水を一時、溜め池に貯えておき、田植え時の水田に温んだ水を供給することで冷害を防ぐ温水溜め池もあります。

また飲み水など生活用水としての貯水池として、また河川増水時の調整池としての役割も有しているとしてその価値が見直されています。多種多様な生物が生息する溜め池もあり、周辺を含めた豊かな自然環境を育成する中心地としての機能も注目されています。

広い溜め池の場合、ウインドサーフィンやボート、カヌー、水上オートバイなどを使った娯楽場所としても使われることもあります。また、灌漑の役目を終えたのちも噴水や遊具を整備し、親水公園として公開されている溜め池やヘラブナ、コイ、ブラックバス、ナマズ、雷魚など魚釣りでにぎわっている溜め池も多いようです。

② 構造

多くの溜め池では池の周囲に堤を用いて水を貯えていますが、必要なときに耕作地へ水を送り出せるよう取水施設が設けてあります。池を囲む堤防の高さを上げて貯水量を増やしたり、崩壊を防ぐため整備工事を施したりするなど、機能改善を施した池もあります。

初期の溜め池は、樋管《ひかん》と呼ばれる管が堤を貫通して外に通じており、栓を外すことで水を池の外へ流せるようになっていました。台風などによる増水時に堤が破壊されないよう、堤の一部を低くして許容量以上の水を早めに出す洪水吐《こうずいばけ》もしくは余水吐《よすいばき》と呼ばれる放流設備が作られることもありました。

♻ 種類

溜め池は谷池と皿池という2種類に大きく分けることができます。両者は建設場所や築造方法が違い、水質や生息する動植物にも違いが現れてきます。また複数の池が棚状に連なるものもあり、このような溜め池は全体を重ね池、または親子池と呼ぶこともあります。

①谷池

山間部に多く見られる形態で、谷の下流側に堤を設けて川をせき止めるようにして作られた池をいいます。このため、皿池よりも水深が深い傾向にあります。水は土を主体とする堰、いわゆるアースダムによって貯水されます。

谷川の上流から流入する水を主な水源とするので、池の水質は生活排水の混入が少ないため貧栄養の傾向にあります。谷池から流された水は平地の皿池に分配して貯え、そこから農耕地に分配するという方法が取られます。福島県相馬地方の溜め池はこのタイプが多く、山池と呼ばれることもあります。

② 皿池

平野部に多く見られる形態で、できるだけ窪んだ土地や低湿地のような貯水しやすいと考えられる場所の周囲を堤で囲み、さらに底を掘り下げて作られた池です。このため、谷池よりも水深が浅い傾向にあります。川や谷池、もしくは他の皿池から用水路を経て引かれてきた水を貯えます。人間の生活範囲に近い場所に作られることが多く、生活排水や農耕地から用水路に入り込んだ肥料などが混入することにより、水質が富栄養化する傾向にあります。讃岐平野(香川県)の溜め池は多くがこのタイプです。

溜め池の問題点

① 樋

水を流し出す樋管や、樋を付ける場所を意味する打樋《うちひ》は、溜め池の弱点です。樋管に木材を使っていた時代では、管が腐食するために、定期的に交換する必要がありました。もし樋管が腐食して壊れると、堤の崩壊を招くことになります。

また打樋は岩もしくは堅い土であることが求められました、ここも頑丈でないと崩壊を招きかねません。技術が発達し、堤や取水施設にコンクリートや金属を使うことで強度は上がりました。しかし管理が行われなくなった溜め池では堤の強度が下がっていく恐れが出ています。

② 水質汚染

水質汚濁が進んだ池は悪臭を発し、周辺で暮らす住民の不満を招くことになります。またゴミの不法投棄も問題視されています。水質改善やゴミの清掃、外来種駆除のため、池の水をいったん抜いて水底を露出させる掻い掘りが行われる場合もあります。

また、香川県では溜め池に太陽光パネルをうかべて発電もおこなわれていますが、一方でパネルが景観をそこなうという意見も出ています。

堤防決壊

周囲の住宅や農地より高い場所にある溜め池では、堤の決壊により水害を引き起こした例もあります。地震による決壊例では東日本大震災による藤沼ダム(福島県須賀川市)事故があり、集中豪雨では平成30年7月豪雨などで発生しました。

こうした被害を防ぐため、問題のありそうな溜め池では、改修や廃止が検討されていますが、江戸時代を含む古い時期に造られて所有者が不明な溜め池が多く、同意を得にくいという問題があります。そのため、水位センサーをインターネットと連動させ、豪雨時に危険を冒して目視に出向かなくても、溜め池を遠隔監視できるシステムも実用化されています。

SECTION 26

植林

江戸時代初期から中期（17世紀中期〜18世紀初期）にかけて、森林の乱伐や開発が進み、その結果、森林が荒廃して農民の生活を脅かしました。そのため、各藩の儒学者や地方巧者《じかたこうしゃ》（土木技術者）は森林保護の重要性を説いて回り、幕府は強力な森林保護政策を打ち出しました。

1654年（承応3年）、名君の誉れ高かった宇喜多氏の治める備前（現岡山）は古今未曾有とされる大洪水に見舞われました。「承応3年の備前の大洪水」です。このときの被害は水死者156人、餓死者3684人に上りました。大水害は過剰な乱開発のツケとされました。

新田開発

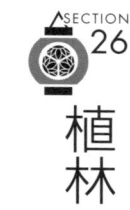

備前・備中（現岡山県）には中国山脈に端を発する河川、東から吉井川、旭川、高梁川の3大河川が、多くの支流をあわせて瀬戸内海に流入していました。3大河川は上流から肥沃な土砂を運んでくるので、対岸の児島との間の海は浅く、干拓に最適の土地となっていました。

これに目をつけた藩主、宇喜多氏は干拓に着手しました。その後入城した池田氏も干拓事業を大いに進めました。その結果、干拓は進み、沖の児島は半島となり、中国地方有数の美田が誕生したのでした。

しかし、干拓が進めば進むほど、河川の水はけが悪くなり、干拓地帯は数日間大雨が降っただけで洪水が発生する「洪水常襲地」となりました。この頃、藩主池田氏に見出されて藩の執政になったのが儒学者・熊沢蕃山でした。

●熊沢蕃山

♻ 開発抑制

蕃山は藩主を支え、水害復旧工事と飢餓対策に奔走しました。彼は干拓や山林開発に懐疑的となり、名著「大学或問」で「近年山荒れ川浅くなって国土が荒廃しているのは、不用意な開発の結果である」として新田開発を停止すべきだと主張しました。

実は幕府はすでに、新田開発万能主義の弊害に気付いていました。そこで1666年、日本で初めて治山治水を説いた注目すべき法令を発令しました。久世大和守、稲葉美濃守、阿部豊後守、酒井雅楽守の4老中連名で出された法令は、「山川掟」という次の3カ条からなる簡明なものでした。

❶ 近年は草木の根まで掘り取り候ゆえ、風雨の時分、川筋へ土砂が流出し、水行き留まり候ゆえ、今後は草木の根を掘り取ることを禁止する。

❷ 川上左右の山に木立がなくなりたる所々は、当春より木苗を植付け、土砂が流れ落ちざる様にする。

❸ 川筋河原等に開発された田畑は、新田畑はもとより古田畑であれども、川に土砂が流出する場合は耕作をやめ、竹、木、葭《よし》、萱《かや》を植え、新規の開発を禁止する。

「掟」は、新田開発の急展開に伴う乱開発によって発生した土砂流出や大洪水の頻発を背景に定められたものでした。山(森林)と川は一体のものとして人々の暮らしの中に存在し、川の問題は即ち山の問題、山の問題は即ち川の問題でした。

山と川の間にどれだけの田畑が作れるか、またどれだけの人々が生きられるかは、山と川の大きさや形など、地形や気候に規定されていたのです。

SECTION 27

水車による灌漑

「稲作の半分を占める」と言われるほど大切なのが田に引き入れる水の管理です。日本式の稲作、水稲栽培《すいとうさいばい》では稲の成長にあわせて水の量を調整しながら、田んぼに水を引き入れる工夫を重ねてきました。

田の水量

稲を植えてから稲が生長する間は稲の根元が水に浸かるように、田んぼにたくさんの水を入れますが、米が実るころには根元に水がないように調節します。そして稲を刈ってしまった後には田んぼは乾燥状態にします。

このように田んぼの水の量を調節することによって虫害や病害を防ぐだけでなく、田んぼの状態を水で覆われて酸素に触れない還元状態、水が引いて酸素に触れた酸化状態を繰り返します。酸化状態では、地中の金属成分が酸化されて酸性酸化物になり、田んぼは酸性状態になりますが、還元状態では反対にアルカリ性になります。このように、半年ごとに酸性、アルカリ性を繰り返すことで地中の線虫などが死に、稲作に連作障害が出なくなるとも言われます。

田植えの後は寒さから稲を守るために田んぼに水を入れます。夏が近づくとともに草丈はぐんぐんと伸び、種子から出た茎の根元から新しい茎が出てきます。これを分げつといい、1本の苗の茎が5〜6本、1株では20本以上になると分げつは止まり、穂を付ける準備をします。

稲作では成長に合わせて水の量を調節しますが、一番多くの水を必要とするのは穂が成長して実をつける7月中旬から8月下旬にかけてです。昔から稲作の水管理の大切さは「水見半作《みずみはんさく》」と言われ、水の管理は稲作の半分を占めるほど大切な作業だとされてきました。

水を供給するやり方としては、高い場所に灌漑用水路や溜め池を設けて、高い場所の田んぼから順次低い田んぼへ水を供給する方法が一般的です。

♻ 水の引き入れ

逆に、低い場所にある川から高い場所の田んぼへ水を上げるには、さまざまな工夫が必要でした。

① 人力式

もっとも原始的な方法は、人力で川から水をはこび、田に入れる方法です。そのために使われた伝統農具があります。

・**水汲み桶**

長さ350㎜・高さ520㎜・奥行き360㎜程の杉や檜《ひのき》などでできた桶で、水が漏れないように隙間なくがっちりと作られています。縄のあるものは、2人で水を田んぼに汲み上げるための桶です。

・**水撒き桶**

汲み上げた水は水撒き桶で田に撒きます。水撒き桶は畦《あぜ》と畦の間に水をまく桶です。桶の底の弁を柄で開け閉めして水の流れ出す量を調節しながら水をまきます。長さ

３２７㎜・高さ５４０㎜・奥行き３５２㎜ほどの大きさです。

② 龍骨車《りゅうこつしゃ》

中世以来使われている揚水器です。下部の細長い木箱を水に沈めて、連結した小板を巻き上げて水を汲み上げます。連結した小板が龍の骨に似ているのでこの名が付けられました。手操り用と足踏み用があります。ただし、構造が複雑なだけに故障が多く、あまり実用的ではなかったようです。

③ 水車・踏車

水車といっても、これは先に見た動力用の水車ではありません。揚水用の水車です。十数枚の羽根と鞘箱《さやばこ》からなり、羽根板を踏んで羽根車を回し、水を順次に押し上げます。決して楽な仕事ではありませんが、動力のない時代では最良の方式でした。体重が軽い人が踏む場合は、子供を背負って踏んだそうです。

これは実用的な道具であり、大正時代にも使っていた記録があります。ただし高価だったので、これを使うことのできた人はかぎられていたことでしょう。

④揚水用水車

水車によって自動的に水を組み上げるという、アイデアに富んだ素晴らしい装置です。水車を回すためには水の落差が必要です。そのため水車の前には堰が設けられています。せき止められた水の一部が水車の下の部分に流れ込みます。

一度堰でせき止められるために、水車の下部では水の流れが速くなって、勢いよく水車の羽根板に当たります。羽根板は水の流れに押されて下流側に回り、水車の両サイドに取り付けられている容器(柄杓《ひしゃく》)で同時に水を汲み上げます。汲み上げられた水は水車の回転により上に持ち上げられ、樋の中に水をはき出します。汲み上げられた水は樋で集められ、田に供給されるという仕組みです。福岡県朝倉市に現在も稼動中の三連式揚水水車は毎分約6トンの水を汲み上げる能力があるといいます。

●三連式揚水水車

SECTION 28

難民救済制度

天災や大規模火災などで窮民が発生した場合、徳川幕府や地元の藩は難民を救済するための措置を行いました。それは急遽、粥を焚いて施すような一時的なものだけでなく、仮設の非難小屋に難民を収容し、日常の基本生活の面倒まで見るものまでいろいろあったようです。

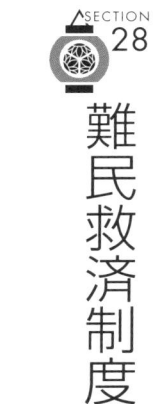

救い小屋

江戸時代、飢饉・火災・水害などの際に窮民を救済するために建てられた仮小屋のことです。江戸では、1786年(天明6年)、1829年(文政12年)、34年(天保5年)のものが有名で、施行小屋を設置し、窮民を収容して食事を与えました。天保の飢饉では、江戸に21棟の仮小屋が設置され、1年間に6000人近くを収容しました。なお室町時代にも京都五条河原に設けられたとの記録があります。

天保期以降では、窮民に食事を与えて一時的に救済するだけでなく、元手銭を与えて経済的な自立をはからせることも行ったといいます。

小石川療養所

1722年(享保7年)徳川幕府が、小石川薬園(東京都文京区)内に総合病院である養生所を設立しました。町医者の小川笙船《おがわしょうせん》による病院建設の推薦によるものでした。

笙船が推薦したこの養生所、じつは単なる病院ではありません。普通では医師に看てもらうことのできない、極貧の病人たちのための施設なのです。

小川笙船は江戸時代中期の町医者です。建白書を幕府に提出したときには、年齢で50歳でした。もともとは滋賀県の人でしたが、笙船の代に江戸に出て小石川で開業し、幕府に養生所建設を推薦したのです。無料病院を建てて貧しい病人を救うという意見が幕府当局によって採用され、幕府が管理運営する小石川薬園内に開設されて、養生所と名づけられたのです。

柿葺《こけらぶき》(板で葺いた屋根)の養生所を中心に、病人長屋、薬煎室、薬部屋、薬調合室、役人詰所、中間《ちゅうげん》(小遣い)部屋、台所、物置からなる本格的な病院施設でした。しかしこの病院施設は、一般の人は看てもらうことができません。対象となるのは看病人のいない極貧の病人だけで、いっさい無料でした。

設立時の収容人数は40人、あとは通院治療者です。しかし、翌年から通いの治療は廃止されました。無料で病気を治してもらえるというので、通院者が増えてたいへんだったからです。それでも入院者は多く、1733年には117人となり、以後、117人が定員となりました。入院期間は最長8カ月です。江戸町奉行の支配下にあって、設立当時の医師は2名で、院長は笙船でした。開院翌年から本道・外科・眼科の本勤が5名、それに見習医師も加わりました。なお、養生所が開設されたときの江戸町奉行は大岡越前守忠相でした。

養生所は明治元年に鎮台府の管轄にかわり、「貧病院」と改名しましたが、その後まもなく閉鎖されました。

薬園

薬園は薬となる薬草の研究、供給施設で、幕府直営の薬園は小石川にある小石川薬園でした。ここの起源は、1638年(寛永15年)、江戸城の南北、すなわち、品川と牛込に薬園が設けられたのに始まります。その後、北薬園は移転統合し、小石川薬園と称されることになりました。以後、小石川薬園は明治維新まで、薬用植物の研究栽培と生薬の供給に大きく貢献したのでした。なお、園の敷地は東西部分に分かれ各4800坪です。青木昆陽が東側の薬園に甘藷《かんしょ》(さつまいも)を試作したのは1735年のことでした。1868年(明治元年)、小石川薬園は東京府の所轄となり、明治8年に文部省博物館の所轄となって、小石川植物園と改称され、次いで東京大学の付属となり、教育・研究用の植物園となって現在に至るのです。

●小石川植物園

Chapter. 6
自然保護の活動

SECTION 29

草地草原の保護

自然は難しいです。保護しようとして手を入れ過ぎると自然さが失われ、生命力が乏しくなります。かといって放置すると、洪水や干ばつあるいは植物の徒長によって手が付けられなくなります。自然と人間が協調して生活するには絶え間ない監視と観察、細かく、かつ大胆な保護と改変の両方が必要になります。

最近問題になっているのは野生動物の繁殖過剰です。河川のブラックバスやブルーギルはもちろん、鎌倉の台湾リス、千葉県で増えているキョンがあります。危険なのは、住宅地に現れて畑や家庭菜園を荒らすイノシシや熊です。サルも負けていません。街中で屋根に登って騒いでいます。このような動物も、好き好んで人里に現れているのではなく、山林開発によって住みかと食料を失い、仕様がなくて人里に出てくるのだと聞くと、無暗に駆除するのもいかがかなと思ってしまいます。これらの問題を解決することはSDGｓの陸や海の豊かさを守ることなどに関係します。

野生動物排除

イノシシは胴長・短足の体型であるため、下生えの多い林や林縁部、湿地帯の生活に適しています。また、雑食性のために食性はヤマノイモ、ワラビなどの地下茎や、地上に落ちているクリ、カシ、シイなどの木の実などと幅広いです。イノシシの主食は縄文人の食物と共通したものが多く、人間の生活域に重なるために絶好で重要な狩猟対象の1つになりました。そこで、イノシシが畑を荒らすのをさけるための猪垣《ししがき》が設けられました。猪垣は、現在では田畑の周囲にトタンや鉄条網付きの柵などを巡らせるものを指します。しかし、鼻が頑丈で地面を掘るのが上手なイノシシは、柵の下を掘って地面に穴をあけて畑地に侵入します。

江戸時代では、イノシシは貴重なたんぱく源でもありました。そのため、猪垣には、狩猟を目的としたものと、現在のような侵入防止を目的としたものの2つのタイプがありました。狩猟用のものは、イノシシの通り道に柵を作り、落とし穴などの罠や囲いに誘導するものです。狩猟用の猪垣の場合、イノシシを罠へ誘導し、捕獲されたイノシシを2～3年のあいだ檻の中で餌を与え、ならしてから、夏期に親子連れのイノシシを一網打尽にするといいます。猪垣でイノシシの田畑への侵入を防ぐという方法は、鉄砲や罠で駆除するよりも、はるかに自然に優しい対処のような印象を受けます。しかし、イノシシの採食場所や行動域を奪うわけで、結果的には個体数を減少させる効果があることに変わりはありません。

増えすぎた野生動物は保護すべきか、それとも駆除すべきかに関して、江戸時代に貴重で壮大な社会実験がおこなわれています。

生類憐みの令

江戸幕府5代将軍・徳川綱吉(1680～1709年)は、その治世中に動物愛護を主旨とする法令をいくつか発布しましたが、その法令をまとめて「生類憐みの令」といいます。簡単に言えば、「動物を可愛がりなさい。いじめてはいけません」という、動物保護の精神であり、現在の目でみれば

●徳川綱吉

当然のことなのですが、困ったことに、その方策が極端すぎました。

1682年（天和2年）犬を虐殺した罪で町民を死刑に処したのに始まり、1685年に馬の愛護令を発して以来、関連法令が次々と頻発されました。

①法の精神

この法は悪法のように言われることが多いですが、必ずしもそうばかりとはいえません。綱吉の意図は、つい100年ほど前まで続いていた、殺伐とした殺し合いの社会であった戦国時代の気持ちが残る江戸の社会に、仁愛の精神を養おうという崇高なことにあったという説もあります。ところが、将軍の強大な権威に迎合する諸役人によって、法に基づく施策が著しく増幅されてしまったということのようでした。また、綱吉の母が帰依《きえ》した僧が、戌《いぬ》年生まれの綱吉に男子が育たないのに関して、犬の愛護を勧めてから、いっそう極端に走り、人民を悩ます虐政へと発展してしまいました。

②罰則

愛護の対象は犬馬牛に限らず、その他の鳥獣にもおよびました。鶏をとった猫を殺した者、うたた寝中に体に駆け上がった鼠《ねずみ》を傷つけた者などが入牢させられたばかりでなく、釣り舟の禁止、蛇使いなど生き物の芸を見せ物にすることが禁止され、さらには生鳥や亀の飼育が禁じられ、金魚は寺の池に放すよう命じられてしまったといいます。どうみても行き過ぎといわざるをえません。

ついに、1695年には江戸郊外の中野に16万坪という広大な土地を囲って野犬収容所を作って野犬を収容、保護するに至ったのです。その数は最高時4万2000頭に達し、費用は年間3万6000両もかかりましたが、これは江戸や関東の村々の負担となりました。

1709年綱吉は、死去に際して、この法令は自分の死後も遵守せよと遺言しましたが、6代将軍家宣は勇断を持ってこれを廃止にし、悪名高かった法の問題はようやく解決したのでした。きっと周囲の老中などが適切な助言をしたのでしょう。

♻法に背く

「生類憐れみの令」を発令した徳川五代将軍・綱吉の治世のころに、法に背いて猪垣が大規模に用いられた記録が残っています。対馬では、そのころ全島にわたってイノシシとシカがおびただしく生息し、田畑を荒らし回っていたといいます。ただでさえ耕作地の少ない島に住む農民の困窮は、はなはだしかったといいます。

江戸時代の鎖国体制の中で朝鮮との外交を任務としていた対馬藩は、農民からとりたてる年貢以外にも藩収入は多かったといいます。しかし、米が藩の財政の基盤である以上、農民の困窮を救い、米の増収をはかることは藩にとって至上命令でした。

1700年に、当時の奉行であった陶山訥庵は幕府の禁令に背き、「猪鹿追詰」を断行しました。これは、全島をいくつかの地域にわけて猪垣で囲み、1年に1地域ずつ、12月から翌年の2月までの農閑期に、人海戦術でイノシシとシカを撲滅していくというせん滅作戦でした。

全土で700平方キロの島という隔離された条件下で、開始以来9年にしてイノシシ8万頭が捕殺され、対馬のイノシシは全滅しました。この功によって訥庵は後世「対馬聖人」とたたえられ、現在でも対馬の歴史にその名を残しています。

SECTION 30

山林保護

江戸時代の人は植物に頼って生活をしていました。木材で家や家具を作り、木の枝で火を焚きました。衣類は多くが木綿や麻という植物繊維であり、昆虫から採る絹は庶民には禁止された高級な贅沢品で、羊毛などは生産されていませんでした。毛皮を身にまとうのは山に住む木こりとか狩人の一部であり、現代のように毛皮を贅沢なお洒落用品と見なす文化はありませんでした。武士は革製の足袋をはくことがありましたが、匂いが臭いといわれていてあまり好まれていませんでした。日本刀の一種である太刀《たち》の鞘を毛皮でくるむこともありましたが、鷹狩りとか、特殊な野外用でした。

食物も主食の米はもちろん、普段のおかずの主なものは野菜類でした。つまり、江戸時代の人々の暮らしは衣食住からエネルギーまで、すべてを植物に頼っていたのです。

森林破壊

世界史は石器時代、青銅器時代、鉄器時代に区分されます。それに従えば、現代はまだ鉄器時代なのです。青銅器を使っていた古墳時代を過ぎて、鉄を作るようになると、木々の利用は一気に増えました。

製鉄には大量の木炭を使います。鉄を溶かす燃料はもちろん、鉄鉱石の酸化鉄から酸素を奪って(還元)金属鉄を得るためには大量の還元剤が必用ですが、その還元剤として莫大な量の木炭を使ったのです。これは日本に限りません。鉄を発見したといわれる中央アジアのヒッタイトも、産業革命を控えて大量の鉄を使用したイギリスも同じです。ヒッタイトは木炭を得るために山の木々を切り倒し、環境破壊で滅亡したと言われます。イギリスは木々をあきらめて石炭に活路を見いだし、産業革命を迎えることができました。

日本も、製鉄が盛んだった島根県では、山や谷の木々は切り倒されて山は、禿げ山となり、雨が降ると洪水になりました。出雲地方(現島根県)に残る「八岐大蛇《やまたのおろち》伝説」はこの荒れた谷を表現したものと言われています。大蛇の赤く燃える目は、溶鉱炉の火だというのです。

室町時代には、天竜の秋葉神社でスギ、ヒノキの植林、奈良県吉野川上郡でスギの植林が開始されました。このあたりが日本における本格的な人工造林のもっとも古い記録とされています。また、1550年頃から山林の荒廃・洪水の害を防止するために植林が奨励され、安土桃山時代には、武蔵国高麗郡で数万本の苗を植え、かつ数十町歩の原野を切り開いて木を増殖した史実もあります。

このような植林推進の一方で、戦乱後の復興や安土桃山文化の絢爛たる建築物の建造などに森林資源が使い尽くされました。江戸時代に入っても森林破壊はとどまることなく、1710年までには本州、四国、九州、北海道南部の森林のうち当時の技術で伐採できる木々の大半は消失したとされています。森林資源の過剰利用により、日本列島の各地に「禿げ山」が生じ、木材供給の逼迫のみならず河川氾濫や台風被害などの災厄をもたらしました。

森林再生への努力、江戸時代

禿げ山は度重なる洪水の原因ともなり、江戸時代になると幕府と諸藩は河川の付け替えなどの治水事業と森林の保全に乗り出しました。森林の保全は、禁伐林などを指定する保護林政策と伐採禁止、植栽、土砂留工事などを組み合わせて行われ、とりわけ保護林政策が厳しくなっていきました。

江戸時代の森林は、藩有林、村持山、社寺・豪族などの私有林に大別され、原則、森林の管理は藩に任されていました。古代より、「林野公私共利」（大宝律令）の原則のもと農民は里山から落葉落枝、灌木、下草などを採取する権利がありましたが、その権利は中世を経て徐々に厳しくなりました。やがて江戸時代になると「村持山」を入会《いりあい》の制度にしたがって利用するだけに制限されました。つまり、藩の持ち山である藩有林、社寺や豪族の持つ私有林には入ることを禁止されたのです。

江戸幕府では、代官所が村々での植樹・造林を命じ、また、1661年、幕府と諸藩は林産資源保続のため「御林」（下草から枯れ枝まで採集を禁じた直轄林）を設けました。この制度は「留山制度」とも言われました。

江戸時代の山林保護の例は長野県木曽谷で見ることができます。木曽谷では、尾張藩が森林を保護するために森林の利用区分を定めていました。森林は村民の立ち入りが許されない「留山《とめやま》」、鷹狩り用のタカの生息地を守る「巣山《すやま》」、自由に利用できた「明山《あけやま》」の三種に分けられました。留山で木を切った場合の罰則は「木1本、首1つ」といわれるほど厳しいものでした。

山林再生

自然を研究し、森林再生に心を砕いた学者もいました。5章でも紹介した岡山藩に仕えた儒学者の熊沢蕃山です。蕃山は、現在の生態学の概念に匹敵する自然の原理に迫っていました。

蕃山は著書「大学或問」の中で、草木のない禿げ山に林を戻す方策を紹介しています。それは「峯や谷に順に木を生やすことを考えて、ヒエをまいてその上に枯れ草やカヤなどを散らして置く。やがて鳥たちがやってきてヒエをついばむ。すると鳥のフンに混じっていた木の実がよく発芽する。上を枯れ草で覆っておくことは、鳥が見つけにくいようにして、鳥を長く引きとめておくためだ。こうすれば、30年ほどで、雑木が茂るようになる。雑木が茂れば村人は薪の心配をしなくてすむ」と言っています。

SECTION 31

治水・利水

江戸の町一帯は、当初は一面が湿地帯でした。その湿地帯を人の住める土地に変えるため、江戸時代には大規模な治水事業が繰り返し行われました。当時は、重機はもちろん機械のない時代でしたから、すべての作業は手作業で鍬《くわ》や鋤《すき》に頼ることになります。また大きな事業ではいくつかの藩をまたぐことになり、そのような工事では監督者として江戸幕府から奉行が派遣されます。このような場合、必ず起こるのが覇権争いで、工事従事者は、工事の難航、費用の不足に加えて覇権争いの心労が加わり、たいへんな思いをしたようでした。

江戸の水利事業

江戸時代には利水・治水のために多くのダムが作られました。当時はダムという言葉がありませんでしたが、その代わりに小規模なダムを意味する「堰堤《えんてい》」と呼ばれる言葉が使われていました。

関東に拠点を移した徳川家康は、将軍になる前から利根川や荒川の灌漑事業と利水事業に力を入れてきました。家康が幕府を開いてから、この傾向は加速されます。とくに重視したのは貯水池の確保であり、元々あった自然の沼である見沼に八丁堤と呼ばれるダムが作られたのを皮切りとして、利根川や荒川の流域に複数の貯水池が整備されました。

この結果、各地の農地に多くの水を供給できるようになりました。江戸時代に作られた有名なダムとして、「関東三大堰」と呼ばれる岡堰、豊田堰、福岡堰が挙げられます。現在の永田町から赤坂にあたる地域にも、虎ノ門堰堤というダムによって赤坂溜池という貯水池が作られました。

そしてその貯水池から江戸の人々に生活用水を送るための上水道が整えられたのも江戸時代です。有名な神田上水や玉川上水が作られました。

関東以外の利水事業

江戸時代には関東以外の地方でも頻繁に工事が行われました。多くは農業用の溜め池を作るための土木工事でした。代表例として尾張藩（現在の愛知県）で行われた入鹿池《いるかいけ》の工事を見てみましょう。

尾張藩では新田開発のために日本最大級の溜め池を作る計画が持ち上がり、尾張藩主の支援の下、入鹿村の辺りに巨大なダムを作ることになりました。さまざまな技術的困難を乗り越えて、高さ26m、長さ180mもの巨大なダムが完成し、入鹿池が作られました。入鹿池の水のおかげで新田開発が進みましたが、1868年にダムが決壊し、死者941名、負傷者1471名、流失家屋807戸という大きな被害が発生しました。この事故は日本史上最悪クラスのダム事故として、現代まで語り継がれています。その入鹿池ですが、香川県の満濃池に匹敵する日本最大級の溜め池として、現在でも使われています。平成になってから入鹿池は再開発され、洪水調節機能も持つようになり、周辺の治水の他、近隣住民のピクニック、冬のワカサギ釣りの名所などとして人々に利用されています。

木曽三川・宝暦の治水工事

長良川が伊勢湾にそそぐ木曽三川《きそさんせん》の下流域は、古くは長良川、木曽川、揖斐川《いびがわ》の三本の川が網状に交差して流れているため、しばしば洪水がおき、しかも洪水のたびに川の形が変化するといった、手の着けられない状態になっていました。

①輪中《わじゅう》

江戸時代初期の1609年には、木曽川の左岸に尾張の国を取り囲む形で約50㎞にもわたる大堤防が築かれ、「御囲堤《おかこいづつみ》」と呼ばれるようになりました。御囲堤は、西国勢力の侵入を防ぐという軍事上の目的を持つとともに、尾張の国を洪水から守るための役割も果たしました。しかし、右岸(西側)の美濃の国では、対岸の堤防より3尺(約1m)低くしなければならないという不公平な制限があったため、水害がしきりに起こりました。そのため、この地域では川を堤で囲むのではなく、反対に村を「輪中」というドーナツ型の堤で囲うことによって水害から村を護ったのでした。輪中の歴史は、この地域の住民の洪水との闘いのシンボルでもあります。

② 宝暦治水

江戸中期の宝暦４年（１７５４年）江戸幕府は、鹿児島県の薩摩藩に木曽三川の分流を目的とする治水工事（いわゆる宝歴治水）を命じ、油島の締め切り工事などが行われました。

愛知県の土木工事に鹿児島県の人々が駆り出されるというのは納得できないようなものですが、当時は、外様で力のある薩摩藩にお金を使わせて消耗させようという、政略上の魂胆があったのです。

薩摩藩が工事開始時点で派遣したのは、薩摩藩総指揮の家老・平田靭負《ひらたゆきえ》以下小奉行32人、徒士１６４人、足軽２３１人の合計４２７人でした。工事は難工事となって困難を極め、合計49人の切腹者と、32人の病死者が出たうえ、費用も薩摩藩だけで約40万両（約３００億円）かかったといわれています。

このように多くの犠牲者と費用を出しながらも、工事は翌１７５５年に完成します。現在の千本松原は油島の締め切り工事によって造られた堤防のなごりです。現地では、犠牲になった人々を祀るための神社が建立されています。

SECTION 32

海岸保護

海岸は放置しておくと波に侵食されます。これは、それだけ陸地が狭くなったことを意味します。それを防ぐためには防災林(砂防林)が必要です。あるいは、もっと大規模には干拓を行って陸地を広げなければなりません。

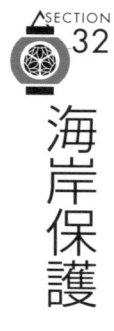

海岸林造成

砂防林としての海岸林の造成が本格的に開始されたのは江戸時代に入ってからで、17世紀中葉以降多くの藩で植栽が始まっています。現在の海岸林のほとんどがこの時期以降に造成されたもので、とくに東北地方や日本海側での造成が目立ちます。たとえば津軽藩では、1681年に藩主の命によって屏風山海岸林の造成が始まったとされています。また出雲藩では延宝年間(1673~1680年)から荒木浜(出雲市)で植栽が始まっています。江戸時代中期以降になると海岸を有する全国のほとんどの藩で植栽が始まりました。そして、海岸林の造成・保護は時折断絶はあるものの全国の海岸で営々として続けられ、1960年代末にはほぼ現在の分布状態に達したと考えてよいでしょう。このように日本の海岸林の大部分は人工林であり、その植栽は江戸時代に始まっています。造成の目的としては暴風の緩和や塩害の防止もありますが、中心は飛砂害対策でした。

① 砂浜生成

砂浜の砂は海から打ち上げられたものですが、その砂の大半は山地で生産された土砂が河川を流れるうちに細粒化されて海に流出したものです。沿岸海域には沿岸流と呼ばれる流れが存在し、流出した砂はその流れに乗って漂砂として移動し、各地の海岸に到達します。高波によって浜辺に打ち上げられた砂は海からの強風に乗って飛砂として内陸に運ばれます。飛砂の大半は海岸にとどまり砂丘を形成しますが、飛砂の量が多く、風が強い場合は人々が住む内陸深くまで到達して飛砂害を発生します。

河口の砂浜海岸の基礎は沖積平野と呼ばれる低平地です。しかし飛砂の多い地域では砂丘の形成によって海岸近くが少し高くなり、内陸側の方が地盤は低くなります。一方河口では河川流の流速が遅くなり砂が堆積するため河口閉塞が起こります。すると川の排水が阻害され、河口付近の低平地で洪水が氾濫することになります。その際、砂丘は氾濫水の排水を阻止するため、その内陸側は水が停滞する後背湿地となり、時には湖沼となります。1666年に樹木伐採や木の根掘取を禁止した最初の諸国山川の掟が公布されて以降、留山や留木、河川改修などの工事が急増してきます。これら荒廃が進む山河の修復策の一端が海岸地域での飛砂害防止のための海岸林造成だったのです。

② クロマツ植生

こうして江戸時代末までに全国の海岸で主要な海岸林の原形が成立しました。しかし、当時の一般的状況としては海岸林植栽後も飛砂は後から後から襲ってきます。ところで現在の砂浜海岸の海岸林は、圧倒的にクロマツ林で一部にアカマツが混じる程度であり、そのほとんどが人工林です。

マツ類は肥料の乏しい環境でも生育し、とくにクロマツは塩害にも強く、先史時代から自然植生として日本の砂浜海岸に広く自生していたものと思われます。したがって、飛砂害が目立ち始めた江戸時代以降、砂丘の上で成林させることができたのはクロマツ林以外になかったのでしょう。江戸時代の各藩での海岸林造成の状況を見ると、試行錯誤の結果として結局はクロマツ林を成林させています。

成林した森がクロマツ林であっても、それは海岸地域での里山の役割を担いました。松葉掻きはその証拠です。そして、白砂青松のマツ林は日本人のマツ信仰も手伝って人々に慕われるようになったのです。

♻ 干拓

海岸近くの海中に土砂を入れて海を陸地に変える干拓は全国の海岸で行われていました。

① 江戸時代の干拓手法

現在のように大型の機械がなかった、江戸時代の干拓手法は素朴なものでした。

❶干拓エリアに松の丸太を打ち込む。これに粗朶《そだ》や竹を絡み付けた後、5～10年放置して干潟の成長を待つ。
❷小潮時を見計らって土居（堤防）を築き上げる。土を投げ入れ、土居を叩いて固める。
❸最後は潮止めを行う。松の丸太を三段に築き、その中に土俵で盛土する。

このような工程で行われた干拓は、必然的に規模は小さくなります。5ヘクタール以下の小さな干拓が鱗状に重なって形成されていきました。以後、干拓の規模は時代を重ねるごとに大きくなっていきますが、個人や民営による小規模干拓は明治以降も続けられました。

② 有明海の干拓

有明海の平均干潮位はマイナス1・89mで、満潮位との差は5・55mです。時に、干満の差は最大6mに達するといいます。もちろん、これほどの干満差は国内でも類がありません。この日本最大の干満差を引き起こす要因は、有明海の地形にあります。有明海は、巨大な内海の地形です。その入り口は島原半島の先端で約4㎞という極端な狭窄部となっており、そこから湾奥部の佐賀県白石町住之江までの奥行きは約90㎞になります。

③ 干拓のその後

九州最大の河川である筑後川は、阿蘇山の火山灰を含む山からの土砂を大量に有明海へと流します。この潮汐作用による堆積が自然の営みで毎日繰り返され、しだいに干潟が形成されてきました。現在でも、筑後川河口付近では、1年間に約10ｍ(干潟の上昇は7㎝)の割合で、干潟が成長しているといわれています。

干拓のための堤防を築くと、その前面には、潟泥の堆積作用が始まり、しだいに干潟が成長していきます。やがて、干拓地内の標高より高くなり、地区内の排水に支障をきたすようになります。昔は現在のように機械で排水するといったようなことはできなかったため、後背地に住む人々にとっては、この堤防前面の干潟の成長による排水不良はたいへんな問題でした。そこで、新たに堤防を築き、干拓をせざるを得なくなります。

④ 愛知県の例

現在、熱田神宮がある場所(名古屋市熱田区)は、縄文・弥生時代には岬のようになっており、熱田神宮の前(南)には海が広がっていました。7~8世紀頃、熱田神宮から木曽川河口には広大な干潟が広がっていました。江戸時代になっても、その初期には、熱田神宮から三重県桑名市までは、「七里の渡し」という東海道における唯一の海上路(船渡し)になっており、その頃の熱田神宮周辺は、宮の宿場町として非常に重要な場所になっていたのです。この頃まで、名古屋港はまだ存在していませんでした。干拓が始まったのは、江戸時代に入り、政情が安定してからのことです。米の生産拡大のために熱田区以南の新田開発が進められたのです。

江戸時代初期の海岸線は江戸時代の東海道(現在の国道1号線)とほぼ一致していましたが、江戸時代後期には干拓によって陸地が広がり、海岸線は現在の国道23号線付近まで後退しました。現在、渡り鳥で有名な藤前干潟《ふじまえひがた》は、江戸時代には、現在より広大な干潟として、名古屋の漁業に貢献していました。名古屋では、伊勢湾台風(昭和34年)被害対策の防波堤工事が行われるまで、下之一色町が漁師町として栄えていたのです。この下之一色町は、織田信長の時代から漁師町として発展してきたといいます。

SECTION 33

街道・交通網

戦国時代には、諸大名は領国内に独自の交通政策を施し、道路を修理し、橋銭や渡船賃の規定などをしましたが、とくに北条・今川・武田・上杉・徳川などの東国大名が宿を設けて伝馬制を布いたことは近世の交通網の起源となりました。

やがて織田信長が関所を撤廃し、道路や橋梁を架設したことは豊臣秀吉にも受けつがれ、多年にわたって西日本の海上を横行していた海賊を制圧したことは、その後の航海を安全なものとしたのでした。

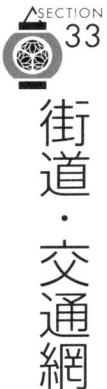

街道交通

陸上交通は、関ヶ原の戦いの翌年1601年には東海道の宿駅を定め、伝馬制を実施しました。次に中山道などに及ぼし、幕府の直接管理する五街道の宿駅制が整備されました。のちには、それを専管するものとして道中奉行を置きました。

①一里塚・旅籠屋

東海道、中山道、甲州街道、奥州街道、日光街道の五街道には、日本橋を起点として、一里ごとに一里塚が築造されていました。一里塚は、五間四方の小山形の塚上に1本から数本の榎を植えたものでした。また、街道沿いには、杉や松、柏、榎などの並木を植えていました。

五街道は街道が整備されたせいで参勤交代や物資の運搬、旅行も一般に容易となり、庶民が参拝・湯治、観光などの目的で遠隔地に赴くこともしばしば行われ

●冨嶽三十六景（隅田川関屋の里）

るようになりました。旅籠屋《はたごや》（旅館）や茶屋、雲助《くもすけ》（籠をかついだり、荷物持ちをする労働者）なども多く利用されました。

②関所

街道の主要地点には関所を置いて警察的な任務を持たせました。諸藩もほぼそれに準ずる交通政策を執り、大藩では領界に口留番所を置いて、出入国者を取り締まるとともに、物資の移出入を規制しました。

五街道は、江戸幕府、藩幕体制の安定のために、中央集権的に整備されたもので、脇街道とともに、参勤交代制度によって、整備されていきました。

③伝馬制度《てんませいど》

伝馬制度というのは、各宿場に伝令のための馬を用意して置き、公式の緊急連絡のときにはその馬を無料で使用することができるという便利な制度です。ただし、そのための費用は地元の村あるいは宿負担ということで、村や宿にはたいへんな負担となっていました。そのため、幕末には機能していなかったともいいます。

♻ 水上交通

水上交通は、瀬戸内海は物資や旅行者に多く利用されました。また、江戸と大坂間をはじめ、廻船による貨物の運搬も盛んであり、湖沼・河川も運航の可能な限りは利用されました。

海岸寄りの大都市には運河が縦横に堀り巡らされ、旅客や荷物の運搬に利用されました。大きな武家屋敷や、商家でも大店は屋敷の中に運河の支流を掘り、屋敷中で船の乗り降りができるようになっていました。料亭の中には、入り口に直接船が接岸できるように作って客の便を図ったところもありました。

●冨嶽三十六景（江戸日本橋）

Chapter. 7
江戸時代の公共福祉

SECTION 34

武家の教育

現代日本は世界に冠たる福祉国家です。病気でも怪我でも、医者にかかれば医療費の何割かは国民保険で面倒を見てもらえます。会社が倒産して失業したら失業保険が援助してくれますし、残念ながら収入が途絶えて生活ができなくなったら生活保護で救ってくれます。子供は皆学校へ行くことが義務付けられており、そのための費用も国がある程度面倒を見てくれます。

このように、「至れり尽くせり」の福祉政策が整ったのは戦後の復興と経済発展のおかげですが、江戸時代はどうだったのでしょうか？「福祉」という考えなどあったのでしょうか？　それとも完全に自助の国で、自分の面倒は自分で見る以外なく、自分で面倒を見れなくなったら路頭に迷う以外なかったのでしょうか？

江戸時代にも、十分ではないにしろ、福祉の精神はありました。災害が起これば藩や幕府が手を差し伸べてくれました。子供の多くは、公立ではありませんが、寺子屋という私立学校のようなところで読書き計算を学びました。当時の日本人の識字率は70%を超えており、ダントツの世界一を誇っていました。

福祉・教育はＳＤＧｓでも大きなテーマになっています。ＳＤＧｓの観点でも江戸時代は、質の高い教育を提供していますし、行き届いた寺子屋教育と、そこで培った倫理教育は明治時代を築く礎になりましたし、ＳＤＧｓの平和と公正の精神でもあります。

士農工商

江戸時代には封建社会の構造に基づいて、士・農・工・商の身分制が確立しており、とくに武士と庶民は厳格に区別され、大きく2つの階層に区分されていました。教育についても基本的には武家の教育と庶民の教育が、それぞれ独自の形態をとって成立していました。

江戸時代の武家は社会の支配者であり、また指導者としての地位を保っていました。したがって、それにふさわしい文武の教養をつむべきものと考えられていました。そのために設けられた教育機関が「藩校」だったのです。

　他方庶民は日常生活に必要な教養を求め、「読み」・「書き」を主とする簡易な教育機関として「寺子屋」が成立しました。藩校と寺子屋は江戸時代後期、とくに幕末にかけて著しい発達をとげました。そして近代の学校の主要な母体となったのです。

武家

　江戸時代の武家は、社会における地位を保持する上からも、学問を学び教養をつむべきものとされ、文の教育が次第に組織化されました。

　まず藩主は、自らの教養を高めて藩の統治にあたるために、儒学者や兵学者を招いて講義させ、重臣たちにもこれを聴講させました。また、一般の藩士にも学問を奨励し、武芸とともに文の教養をつむことを求めました。

　江戸時代の学問は、幕府の方針に基づいて儒学を中心とし、中でも朱子学が正統として尊ばれました。中世の武家は、寺院において僧侶を師として学問修行に努めましたが、近世の武家は、城下に学校を設けて儒学者を師として学問を学んだのでした。

この学校が藩校(藩学)です。藩校は、江戸時代の初期には一部の藩に設けられていただけでしたが、中期以後は急速に普及して小藩にも設けられ、全国で二百数十校にも達しました。

幕府の学問所

江戸時代の最高学府として、諸藩の藩校の模範ともいうべき地位を占めていたものは、幕府が江戸に設けていた昌平坂学問所でした。その起源は、将軍家光が学問奨励のために儒臣の林羅山に与えた上野忍岡の地に設けられた孔子廟であり、その学問所でした。

その後、将軍綱吉の時代にこれを湯島に移して聖堂を建て、孔子を祀るとともにここを教学の中心としました。これが湯島聖堂です。湯島聖堂は幕府の保護をうけ、半官半私の教育機関でしたが、やがて幕府は直轄の文教施設の必要を認め、1797年に湯島聖堂の学問所を直轄の学校としました。

昌平坂学問所(湯島聖堂)は藩校の模範ともいうべき地位を占め、各藩はこれにならって藩校を設立し、昌平坂学問所の出身者を儒臣として招き、あるいは藩士の中から俊秀を選んでここに留学させました。その意味で、昌平坂学問所は最高学府であるとともに、藩校の教員養成の機能をも果たしていたといえます。

藩校

藩校の多くは漢学中心の家塾や私塾に起源をもち、後に藩校として拡充・整備されました。教育の内容もしだいに拡充され、漢学のほか国学(皇学)などをおき、また幕末には洋学や西洋医学を加えるものも多くなりました。やがて藩校では、文と武の施設をあわせもつものも多くなり、藩士のための総合的な教育機関としての性質をもつようになったのでした。

幕末の藩校は各藩の藩士の教育機関として充実・整備され、同時にその教育内容はしだいに近代化されていきました。藩士に対する就学の義務制は早くから実施されましたが、さらに庶民の入学を許すものも増加しています。

SECTION 35

庶民の教育

江戸時代の庶民は、封建社会の構造に基づいて、庶民としての道徳・倫理が要求されました。また、庶民の日常生活を送るのに必要な教養をつむべきものとされました。江戸時代の庶民の教育は、一般に家庭生活および社会生活の中で、躾の一環として行われました。当時は、徒弟奉公や女中奉公などの奉公生活、若者組などの集団生活が広く行われ、その中での教育も重要な意味をもっていました。また、社会教育施設としての教諭所も発達し、心学講舎や二宮尊徳の報徳教なども庶民教育の上に大きな役割を果たしました。

寺子屋

江戸時代中期以後は寺子屋が発達し、庶民の子どもの教育機関として、しだいに一般化して、重要な位置を占めることとなったのでした。寺子屋は、庶民の子どもが読み・書きの初歩を学ぶ簡易な学校であり、江戸時代の庶民生活を基盤として成立した私設の教育機関です。

寺子屋の起源は、中世末期にまで遡り、それは、中世における寺院教育を母体として発生したようです。「寺子屋」あるいは「寺子」という呼称もここから発生したものです。寺子屋は江戸時代中期以後しだいに発達し、幕末には江戸や大阪の町々はもとより、地方の小都市、さらに農山漁村にまで多数設けられ、全国に広く普及しました。

明治五年に学制が発布され、その後短期間に全国に小学校を開設することができたことは、江戸時代における寺子屋の普及に負うところがきわめて大きいといえます。

♻ 寺子屋の教師

寺子屋の教師は師匠と呼ばれ、生徒は寺子と言われました。師匠の多くは同時に寺子屋の経営者でもありました。その身分について全国的に見れば平民がもっとも多く、武士・僧侶がこれに次ぎ、その他、神官・医者などが経営する寺子屋もありました。

寺子屋という名称から僧侶が多いと考えられがちですが、実際には平民が多くなっているのは、江戸時代後期における庶民教育の普及の結果であるということができるでしょう。

寺子屋の教育

寺子屋は藩校のように東洋の古典などによって高尚な学問を授けるものではなく、庶民の日常生活に必要な実用的・初歩的な教育を行う施設でした。寺子屋の学習の大部分は文字の書き方を習う「手習《てならい》」であり、それに文章をよむ読物が加わりました。

●寺子屋

江戸時代の町人の生活と密接な関連をもつ「算用」すなわちそろばんは、多くは家の生活の中で、または「そろばん塾」で学びました。しかし幕末になると読・書・算の三教科を併せて教える寺子屋も多くなりました。

寺子屋の手習は、まず「いろは・数字」などから始め、十二支・方角・町名・村名・国尽などを学び、初歩の手習が終わると、次には「往来物《おうらいもの》」などを学びました。往来物はその名が示すように、最初は往復の手紙文を集めたものでしたが、その後さまざまな内容の教材がその中に盛り込まれました。

そろばん教育

江戸時代には町人の経済生活と関連して、計算すなわちそろばんの教育が手習とともに重要な位置を占めました。そのための教科書として作られたのが「塵劫記《じんこうぎ》」です。塵劫記は江戸時代の初期に作られたそろばん書（珠算教科書）ですが、その後「何々塵劫記」と題した多数のそろばん書が作られました。幕末において計算の教育が庶民の間に広く普及していたのは「塵劫記」のせいといってもよいでしょう。

SECTION 36

女子の教育

江戸時代の社会は、武家社会の主従関係に基礎をおいていました。さらにこれが家庭内にもおよび、親子の関係、夫婦の関係も主従の関係と同様に見なされていました。そのため女子の教育は、このような人間関係を基礎とし、男子の教育とまったく区別して考えられていました。現代とは違い江戸時代には、女子は男子のように学問による高い教養は必要がないものと考えられ、女子は女子としての心得を学び、独自の教養をつむべきものとされていました。

女子の教育は主として家庭内で行われ、家庭の外で行われる教育も、お屋敷奉公や女中奉公を通じて行儀作法などを学ぶことが重視され、学校教育のような組織的な教育の必要性は認められませんでした。上流の女子の中には手習や読書を学び、さらに古典文学や諸芸能を学ぶ者もいましたが、それは一部の女子であり、一般には近世封建社会における家庭の中の女子として、また妻としての教養が重視されました。

教訓書

江戸時代には女子のための倫理・道徳を教える教訓書が多数あらわれています。「女大学」をはじめ、「女論語」・「女訓孝経《じょくんこうきょう》」・「女今川」・「女実語教」などのように、当時の有名な教訓書にとくに「女」の語を冠したものが多いことも、女子の教育を男子の教育と区別して独自なものと考えていたことを物語っているといえるでしょう。

江戸時代のこのような女子教育観は明治維新後も継承され、近代の学校教育の中にも根強く残されています。また女子は男子と違って、学校教育を必要としないとする伝統的な考え方は、明治維新後も女子の義務就学率が低かったこと、また上級学校への進学率も男子よりも低かったことと関連するものと考えられます。

たしなみ

以上のことは江戸時代の女子教育の一般的傾向ですが、幕末には寺子屋に学ぶ女児もしだいに増加し、また女子のための独自な教養施設も設けられています。しかし、寺子屋への就学者は相変わらず男子に比べてはるかに少なく、また女子教育の内容は、裁縫・茶の湯・活花あるいは礼儀作法などの女子的教養、すなわち女の「たしなみ」が重視され、男子の教育とは異なるものでした。

このような実情ではありましたが幕末において、女子が家庭の外で組織的な教育をうける形態がしだいに発達していったことは、近代の学校教育のための礎を作ったものと言えるでしょう。

SECTION 37

医療体制

江戸時代の医療は、現代とは大きく異なっていました。都市部では診療所や薬局があり、町医者が中心的な役割を果たしていました。一方、地方では、行商や旅回りの医者のような民間療法師や薬草商が主要な健康のサポートを担っていました。

医療従事者

江戸時代の医療従事者は、主に町医者や薬士、民間療法師などが中心でした。とくに町医者は、地域社会における信頼度が高く、多くの患者からの相談を受け付けていました。

一方、田舎や地方の医療を受け持ったのは民間療法師でした。彼らは地域の伝統や祭りと関連しながら、薬草の知識や治療方法を伝えていました。また、それぞれの地域の風土や生活習慣に合わせて、独自の治療法を持っており、これが地域ごとの伝統や風俗として受け継がれていました。

民間療法師が提供する知識や治療法は、多くの人々の日常の中でのセルフケアとして実践されていました。季節ごとの体調管理の方法や、日常の小さな不調を整えるためのアドバイスなどが、身の回りの自然のものを活用して行われていました。

とくに、冷え性や風邪の初期症状への対応として、生姜や山椒を用いた食事法が広く知られ、日常生活の中で取り入れられていたのです。このような日常的なセルフケアの方法は、民間療法師から学ばれることで、家庭や地域で代々守られてきました。この時代、病気は「気」や「邪気」が原因とされることも多く、その治療法も多岐にわたっていました。

医療費

江戸時代には公的な医療保険制度は存在せず、治療費は主に患者やその家族が直接医師に支払っていました。医師の中には、地域の富裕層からの寄進や庇護を受けることで生計を立てている者もいたため、一般的な治療費の基準は固定されていなかったと言われています。

治療費は治療の内容によって異なるだけでなく、医師の技量や名声によっても異なり、また、患者の家計や社会的地位によっても調整されることが多かったようです。貧しい人々には、時に無料で治療を受けさせる慈善的な医師もいました。現代に比べると一般的には低価格であったとされます。しかし、当時の一般庶民にとっては、それでも高価なものであり、治療を受けるためには費用の工面が必要でした。

治療薬

治療薬は、薬草を主にした自然療法が中心で、薬士や薬屋がこれを提供していました。とくに、中国から伝わった漢方薬が主流であり、その効能や知識は町医者や薬士によって伝えられていました。

江戸時代は「売薬」が盛んだった時代でもあります。売薬とは、薬商人が街頭で販売する薬のことです。売薬には、漢方薬だけでなく、さまざまな民間療法に基づく薬も含まれていたので、中にはおまじない的なものもあったようです。

- 漢方薬……葛根湯、桂枝湯、五苓散など
- 民間療法に基づく薬……うがい薬、はちみつ、生姜、煎茶など
- 呪術的な薬……お守り、お札など

江戸時代は、薬の製造や販売が規制されていた時代でもあります。そのため、薬として販売されるものは、一定の基準を満たしたものに限られていました。一方、地方や農村部では、医療施設や医師は少なく、限られていました。そのため、民間療法は日常の中で非常に身近な存在となり、多くの人々に受け入れられていました。

日常の健康管理

江戸時代の日常生活は、薬草と深く結びついていました。都市から農村、山間部まで、その効能や利用法に関する知識は、貴重なものとして各家庭で代々受け継がれてきました。病気や怪我の初期対応として、すぐに手に取れる薬草が活用されていたのです。

江戸時代の薬草利用は、その土地ごとの伝統や風土に基づいて形成されていましたが、同時に中国から伝わった漢方医学とも深く結びついていました。体調や季節、さらには体質に合わせて薬草を選ぶという考え方は、漢方医学の基本的な考え方とも重なっています。

また、都市部には専門の薬草商が存在し、薬草の取り扱いや保存のノウハウを持っていました。これらの商人や薬草専門家は、地域の人々から信頼を得ていて、薬草に関する知識や文化を次世代に伝える役割も果たしていました。

江戸幕府の取り組み

8代将軍、徳川吉宗は幕府政治の立て直しを断行すると共に、感染症を始め医療改革にも力をいれました。戦乱の世から太平の世になり、人々の生命を守ることも仁政と考えたからです。

自ら調剤、製薬ができた吉宗は、とくに薬草の供給体制整備に力を入れました。全国の産物調査のため医学知識を兼ね備えた学者が各地に派遣され、現地では薬草を運ぶ人足、道案内人の他に村役人、医師、薬屋なども同行させて、薬草の知識や情報を独占するのではなく、開示を積極的に行いました。とくに、朝鮮人参の国産化は、幕府の悲願でした。密かに人参の種を入手し、試験栽培を成功させ、広く栽培できるよう種と苗を配ったのでした。

この時代は感染症による死者も多く、土葬も火葬も順番待ちで、やむなく品川沖に水葬していたほどでした。また、江戸には出稼ぎにきた一人暮らしの男性が多く、彼らは日雇いで生活も苦しく、病気になれば薬も買えず、悲惨な状況でした。

そのような惨状を見た多くの人が、当時吉宗が設置した目安箱に施薬院設立の願いを訴え、小石川養生所設立へと向かったのでした。養生所は病人が養生できる場所であり、費用は無料でした。

SECTION 38

慈善対策

庶民が総じてお金を持っていなかった江戸時代においては、お金のない人は暮らしようが無かったのではないでしょうか？　この場合、田舎なら田や畑に行けば野菜が転がっていると思うのは間違いです。そのような栽培物はそれを育てたお百姓がどこかで厳重に見張っています。現在なら、失業保険や生活保護などの制度がありますが、江戸時代にはどうなっていたのでしょうか？

♻ 明暦の大火

1657年1月に江戸の大半（6割）を襲った明暦の大火（振袖火事）が起こり、当時の人口80万人（町方30万人）中、10万人以上の焼死者が出ました。幕府の天領からの年貢米100万俵以上を保管する隅田川沿いの米倉にも火がつきましたが、「米の持ち出し自由」として避難民たちを火消しに転じさせました。また持ち出された蔵米が救助米となるという一石二鳥の策を打ち、米倉は全焼を免れました。

幕府は難民救済のために、各地で炊き出しを行ったほか、全焼被災民へ再建費として総額16万両を供与しました。また、参勤していた諸藩を国許《くにもと》に帰らせ、江戸出府を延期し、江戸の人口を一時的に減らし、需給の調整をはかることで物資高騰を抑制しました。

その後も、江戸市民の救済を優先するため焼け落ちた江戸城の天守閣再建を断念し、代りに防災対策として退路確保のため主要道路の道幅をそれまでの6間（10・9m）から9間（18・2m）に拡幅し、火除け空き地として上野広小路を設置、芝・浅草両新堀の開削、神田川の拡張、避難路確保のため隅田川に新しい橋（両国橋）を架設しました。

●明暦の大火

人足寄場《にんそくよせば》

1790年に設立された就職斡旋施設です。犯罪者や無宿《むしゅく》に職を斡旋しました。無宿とは、戸籍から外された人のことです。罪を犯した人はその代表でした。また親に勘当された人、他には故郷を離れた人、今でいえば失踪した状態の人も、親族が戸籍を外すことによって無宿となることが珍しくありませんでした。

このような無宿にとっての大きな問題は、まともな仕事に就けないことです。その結果、盗みなどの犯罪を犯す、あるいは焚火の不始末で火事を起こすことが多々ありました。さらに無宿の問題を深刻にさせたのが、1782年から1787年にかけて起こった「天明の大飢饉」です。北関東から東北にかけて、1つの藩で何万人という単位の人が亡くなる場合もありました。

こういった場合、食糧に困った人が物資の集まる地域に移動するのは必然のなりゆきです。そのため、東北方面から江戸に生活に困った人が大勢押し寄せてきたのです。この結果、江戸にはたくさんの無宿が集まりました。こうした無宿の対策を取ろうと、老中・松平定信が作ったのが「人足寄場」だったのです。人足寄場は罪を犯し、刑を終えた無宿に対し、社会復帰に向けた職業訓練をする施設です。刑を受けた者を受け入れて、彼らに仕事をさせます。その仕事には賃金を支給し、一定の金額に達したら釈放するのです。

あるいは、人足寄場で仕事をしている間に身元引受人を探し、見つかった時点で引き渡します。こうして、寄場を出るときには再び戸籍につけるのです。それまでは、罪を犯した無宿が刑罰を受けても、再犯に至るケースが少なくありませんでした。たとえば、もともと無宿だった人間が軽微な盗みを働いて逮捕されたとします。この場合、入墨や敲《たたき》の刑(ムチ打ち刑)に処して釈放します。すなわち、再び無宿として世の中に放り出されるのです。

寄場は現在の囚人が懲役刑を受けて収容される刑務所に似ています。ただし、懲役刑のうち、禁固の部分は終えていますから、出る気になったらいつでも出ることができるというわけです。近代の教育刑の考え方と似ており非常に優れていました。傑物の誉れ高かった松平定信の人柄までもわかる施策といえるでしょう。

♻ 慈善制度

江戸時代にも各藩が独自の救済制度を持っていました。

① 七分積立金制度

１７９１年にできた制度で、江戸、大阪などの都市での救済制度です。町人用金と呼ばれる、地主が町を治めるために必要なお金の七分(７％)を貧民や孤児救済等のために使うというものです。考えとしては保険に近いでしょう。

② 五人組制度

農村で取られた制度です。もともとは農耕と貢納の連帯責任のための制度で、地域自治の役割もあったようです。５軒による「連帯責任」制度ですから、互いに助け合わないと機能しません。日本にもともとあった考え方です。

③ ゆい・もやい・講

農村で行われていた私設の制度です。「ゆい・もやい」は共同労働組織で、お互いに労働を提供しあいました。そのうち「ゆい」は貸し借りありの制度であり、「もやい」は貸し借りなしの制度でした。「ゆいまーる」と呼ばれる助け合いの考え方は今でも沖縄であるそうです。ちなみに「まーる」というのは順番という意味なので順番に助け合いましょうという考え方のようです。また「講」は宗教や生活全般の互助組織でした。

民間救済事業

民間で慈善事業を行う人もいました。たとえば、金沢市では、江戸時代末期に小野太三郎という人物が、浮浪者を収容する施設を作りました（小野慈善院、1864年）。これは、救済の意味もありましたが、町の治安対策という側面も持っていたようです。太三郎が作った施設が後に高齢者の収容施設と子どもの収容施設に分かれ、高齢者の施設は現在社会福祉法人「陽風園」に引き継がれているといいます。

このような事業を行った人を当時「篤志家《とくしか》」と呼んでいました。各地で篤志家が活躍しますが、あくまで個人での取り組みですので、どうしても限界があったようでした。

SECTION 39

公衆トイレ

幕末に日本きたペリーは、日本の街の清潔さに驚いたといいます。当然です。当時の日本人はトイレで用を足したのに、欧米人は、夜はオマルで用を足し、朝になるそれを家の前の道路に棄てていたのです。朝、道路を歩く人はオマルの中身が掛からないように、鍔の広い黒い帽子と、裾の広い黒いマントを着ていました。これでは街に排泄物の匂いが染み付き、不潔に決まっています。当時の日本人がこの話を聞いたら、驚くでしょう。

江戸時代のトイレ事情

江戸時代、賃貸集合住宅である長屋には、各家にトイレはなく、惣後架《そうこうか》と呼ばれる「男女共用の共同便所」があるだけでした。10世帯に2つの惣後架というのが普通だったようです。公衆トイレに関しては、京には江戸時代の初期から、「辻便所《つじべんじょ》」という公衆トイレが四辻《よつつじ》の木戸ごとに設置されていました。目的は肥料用に排泄物を集めるためです。江戸では、江戸時代の後期になってから辻便所が設置されるようになったそうで、それまでは、長屋のトイレを失敬するか、道路のあちこちで用を足していたようです。現代のようにアスファルト舗装でない土の道ですし、牛馬の糞も普通に転がっていたでしょうから、あまり気にしなかったのかもしれません。あるいは、糞拾いの少年がすぐに拾って農家に売っていたのでしょう。

江戸の公衆トイレ

江戸にも公衆トイレが無かったわけではありません。市中の10カ所に設けられた公衆トイレはかなり豪華なもので、間口が4・5ｍで奥行きが7・2ｍもあったそうです。しかも広々とした休憩所がついており、利用者は腰掛にかけてお茶の無料接待も受けられたそうです。この公衆トイレの年間運営費は500両（約4000万円）と莫大な経費がかかりましたが、その費用はすべて排泄物を売ることで賄われていたそうです。

SECTION 40

男女平等

男女同権は明治の昔から訴え続けられている問題ですが、現在も姿を変えて存続しています。以前の男女同権は、文字のとおり政治的、人権的な同権のことを指しましたが、現在、この同権は日本においてはほぼ達成されたのではないでしょうか。

現在の問題は、政治ならば議員定数の男女の差、会社における地位の男女の差など、社会における男女の職種、労働の質、感性の質に由来するところが大きいように思われます。しかし最近は男女を自覚すること自体に問題が生じており、男女平等の意味自体を問い直すことが必要となっているのかもしれません。

これまで言われてきたことによれば、平安時代のころまでは男女の権利に大きな差は無かったが、江戸時代になって武家社会の男尊女卑の考えが社会に広がったせいで、それが明治の家父長的社会で増長されたというものだったようにみえます。

それでは、江戸時代は男女不平等だったのでしょうか？　江戸時代では男性だけが権利・権力を振りかざし、女性はそのかげで耐えしのんでいたのでしょうか?

家とは

江戸時代の「家」は、基本的に夫婦とその血族、そして使用人から構成されていました。「家」の運営のために各メンバーにそれぞれ「職分」にもとづく役割が与えられていて、それぞれの「職分」が組み合わさることで「家」の全体が構成されていました。「家」はこうした構造により「家業・家産・家名」を継承し、祖先祭祀を伝えることをめざす企業集団だったのです。

結婚は就職

そのように考えると、結婚は「女房」という職分を果たす人の就職活動となります。このような「家」における最大の目的は、「家」が継続することでした。これは武士も庶民も変わりません。人々の生活はそのためにありました。ですから夫婦関係も、この目的に適合するように構成されました。

結婚は、「家」同士の契約と考えられていましたが、結婚する当事者の意見が無視されることはありませんでした。男性が妻を迎えることは、「家」において「女房」という職分を果たすのに相応しい人物を採用することでしたから、その職分に合わないときには、簡単に離婚することが行われました。手続きは異なりますが、離婚は夫、妻どちらからも要求することができました。

離婚

庶民においては、離婚の際に夫から「三行半《みくだりはん》」といわれる離縁状を交付することが必要とされていましたが、これは一方的な離婚の要求ではなく、離婚したことの証明書でした。それがあることにより、両者がそれぞれ再婚することができたのです。

離婚の理由は男女とも「不倫」から「性格の不一致」まで現代とあまり変わりません。そして重要なのは、妻からの「飛び出し離婚」も多いということです。離婚したい妻は、実家に戻って帰って来なかったり、縁切寺《えんきりでら》に駆け込んだりして、離婚の仲介を求めました。そして、離婚の決着まで有力者や仲人、親族による仲介が行われました。当時は一度結婚した女性は「家」の職分に関する経験を積んだと評価され、離婚したことがマイナスに働くことはなかったといいます。そのため、女性たちは簡単に離婚し、また再婚しました。女性が結婚しても、持っていた不動産、持参道具、婚姻中に取得した財産は、妻の所有になりました。妻の持参金や持参不動産は夫のものになりましたが、離縁したときには妻の実家に返還されました。

夫婦は家の共同経営者

結婚した後の夫婦は、「家」の「当主」と「女房」としてそれぞれの職分を受け持つことになりました。「当主」は「家」の代表としての職分を担い、家業全体に責任を持ちました。とくに重要なのは、「家」の財産を守り、次世代につないでいくことでした。「財産」は当主個人の所有ではなく、文字通り「家」の財産だったので、当主の役割は「家産」を管理する管財人の役割だったといわれています。重要なのは、「家」を代表するとされた「当主」は、「家」全体を支配する権力を法によって保証されていたわけではないという点です。つまり「当主」が「家」のメンバーに命令し強制する力を与えられてはいなかったということです。

妻の職分

これに対する「女房」は、家政を担当し家業がうまく運営されるように管理しました。彼女はいわば「家」におけるマネージャーのような役割を果たしており、家族や使用人の世話だけでなく、さまざまな交際などにも気を配りました。「当主」と「女房」はいわば共同経営者のような立場で分業しながら、「家」を継続させるために働いたのです。つまりふたりはそれぞれが独立した役割を果たしながら協同する関係だったのです。

妻の姓は元のまま

このように江戸時代の「家」における夫婦は一体ではなく、かなりの独立性を保って自分の職分を果たしていました。こうした妻の独立性は、「家」にかかわる他の事項についても見ることができます。

女性たちは、結婚後も自分の姓を変えることはありませんでした。つまり「夫婦別姓」だったのです（女性が結婚により姓を変えるようになったのは、明治民法によります）。「姓」は自分の出自を表すと考えられていたので、女性は結婚後も依然として自分の生まれた「家」の姓を名乗りました。こうして見ると妻は、自分の「家」（実家）から婚家に出向した社員のようなものだったと考えることができるかもしれません。

結縁の維持

また、親族が亡くなった場合の喪に服するやり方についても、独立性が見てとれます。血族が亡くなった場合には夫と妻がそれぞれ独立して喪に服することが、幕府の法令に定められていました。それによれば、妻も夫も、相手の血族のために喪に服する必要はなく、自分の血族についてだけ喪に服しました。また、夫の父母が亡くなった場合に妻が喪に服する期間は、自分の父母の場合より短い規定となっていました。そして刑事罰においても、妻は、夫の尊属より自分の尊属に対する罪の方が、重く罰せられるようになっていたのです。妻は、生前の寺請けにおいて生家の寺に属することもあり、また死んだ後も、妻と夫が別々の寺に葬られることも珍しくありませんでした。

これらを見ると、女性は自分の「家」に片足を置きつつ夫の「家」に出向したような状態であり、夫も妻も、すべて自分の生まれた「家」を優先したのだということができます。このように「家」の夫婦関係においては、夫も妻も独立した立場を持っており、男性が女性に権力を行使するという「家父長制」は、江戸時代の日本では成立していなかったと考えられるのです。

縁切寺《えんきりでら》

縁切寺とは、江戸時代において、夫と離縁するために妻が駆け込んだ寺のことをいいます。寺は夫に内済離縁（示談）を薦め、調停がうまくいかない場合は、妻は寺入りとなって足掛け3年（実質満2年）経つと寺法によって離婚が成立します。江戸幕府公認の縁切寺には鎌倉の東慶寺、群馬の満徳寺がありました。

縁切寺は妻側からの離婚請求を受け付けて妻を保護し、離婚調停を行う特権を公的に認められていました。調停にあたっては、夫をはじめとする当事者を強制的に召喚し、事情聴取を行うことができました。

縁切寺では女性用の駆け込み場所という性質上、女性の幸福を第一に考えて、まず妻方の縁者を呼んで復縁するよう諭させ、どうしてもそれを承知しない場合に離縁を成立させる方向で調停を行いました。縁切寺の調停管轄は日本全国におよび、どこの領民であっても調停権限に服するものとされていました。

駆け込もうとする妻を連れ戻そうと夫が追いかけてくるということもたびたびあったようです。しかし、満徳寺の場合では寺の敷地内である門から内側に妻の体が一部分でも入れば、夫であっても連れ戻してはならないことになっており、また体の一部でなく、履いていた草履を投げて敷地内に入った、もしくは投げた簪《かんざし》が門に刺さった場合なども、夫は妻を連れて帰ってはならなかったのでした。

駆け込みの件数は人口の多い江戸から距離が近い東慶寺の方が多く、東慶寺では月に4件弱の駆け込みが行われています。江戸末期の150年間で2000人を越える妻が駆け込んだであろうとされています。

索引

あ行

か行

さ行

■著者紹介

齋藤《さいとう》　勝裕《かつひろ》

名古屋工業大学名誉教授、愛知学院大学客員教授。大学に入学以来50年、化学一筋できた超まじめ人間。専門は有機化学から物理化学にわたり、研究テーマは「有機不安定中間体」、「環状付加反応」、「有機光化学」、「有機金属化合物」、「有機電気化学」、「超分子化学」、「有機超伝導体」、「有機半導体」、「有機EL」、「有機色素増感太陽電池」と、気は多い。量子化学から生命化学まで、化学の全領域にわたる。著書に、「SUPERサイエンス 錬金術をめぐる人類の戦い」「SUPERサイエンス 本物を超えるニセモノの科学」「改訂新版 SUPERサイエンス 爆発の仕組みを化学する」「SUPERサイエンス 五感を騙す錯覚の科学」「SUPERサイエンス 糞尿をめぐるエネルギー革命」「SUPERサイエンス 縄文時代驚異の科学」「SUPERサイエンス 「電気」という物理現象の不思議な科学」「SUPERサイエンス 「腐る」というすごい科学」「SUPERサイエンス 人類が生み出した「単位」という不思議な世界」「SUPERサイエンス 「水」という物質の不思議な科学」「SUPERサイエンス 大失敗から生まれたすごい科学」「SUPERサイエンス 知られざる温泉の秘密」「SUPERサイエンス 量子化学の世界」「SUPERサイエンス 日本刀の驚くべき技術」「SUPERサイエンス ニセ科学の栄光と挫折」「SUPERサイエンス セラミックス驚異の世界」「SUPERサイエンス 鮮度を保つ漁業の科学」「SUPERサイエンス 人類を脅かす新型コロナウイルス」「SUPERサイエンス 身近に潜む食卓の危険物」「SUPERサイエンス 人類を救う農業の科学」「SUPERサイエンス 貴金属の知られざる科学」「SUPERサイエンス 知られざる金属の不思議」「SUPERサイエンス レアメタル・レアアースの驚くべき能力」「SUPERサイエンス 世界を変える電池の科学」「SUPERサイエンス 意外と知らないお酒の科学」「SUPERサイエンス プラスチック知られざる世界」「SUPERサイエンス 人類が手に入れた地球のエネルギー」「SUPERサイエンス 分子集合体の科学」「SUPERサイエンス 分子マシン驚異の世界」「SUPERサイエンス 火災と消防の科学」「SUPERサイエンス 戦争と平和のテクノロジー」「SUPERサイエンス 「毒」と「薬」の不思議な関係」「SUPERサイエンス 身近に潜む危ない化学反応」「SUPERサイエンス 脳を惑わす薬物とくすり」「サイエンスミステリー 亜澄錬太郎の事件簿1　創られたデータ」「サイエンスミステリー 亜澄錬太郎の事件簿2　殺意の卒業旅行」「サイエンスミステリー 亜澄錬太郎の事件簿3　忘れ得ぬ想い」「サイエンスミステリー 亜澄錬太郎の事件簿4　美貌の行方」「サイエンスミステリー 亜澄錬太郎の事件簿5［新潟編］　撤退の代償」「サイエンスミステリー 亜澄錬太郎の事件簿6［東海編］　捏造の連鎖」「サイエンスミステリー 亜澄錬太郎の事件簿7［東北編］ 呪縛の俳句」「サイエンスミステリー 亜澄錬太郎の事件簿8［九州編］ 偽りの才媛」（C&R研究所）がある。

編集担当：西方洋一 ／ カバーデザイン：秋田勘助（オフィス・エドモント）

SUPERサイエンス 世界の先端を行く江戸時代のSDGs

2025年2月21日　　初版発行

著　者　齋藤勝裕

発行者　池田武人

発行所　株式会社　シーアンドアール研究所

新潟県新潟市北区西名目所4083-6（〒950-3122）

電話　025-259-4293　　FAX　025-258-2801

印刷所　株式会社　ルナテック

ISBN978-4-86354-473-4 C0036